此著作由中共青海省委党校、青海省行政学院、青海省社会主义学院出版资助项目

三江源生态经济系统耦合机制研究

杨皓然◎著

中国社会科学出版社

图书在版编目(CIP)数据

三江源生态经济系统耦合机制研究／杨皓然著．—北京：中国社会科学出版社，2016.12

ISBN 978－7－5161－9715－8

Ⅰ.①三…　Ⅱ.①杨…　Ⅲ.①生态经济—经济发展—研究—青海　Ⅳ.①F127.44

中国版本图书馆CIP数据核字(2016)第322270号

出 版 人　赵剑英
选题策划　刘　艳
责任编辑　刘　艳
责任校对　陈　晨
责任印制　戴　宽

出　　版　中国社会科学出版社
社　　址　北京鼓楼西大街甲158号
邮　　编　100720
网　　址　http://www.csspw.cn
发 行 部　010－84083685
门 市 部　010－84029450
经　　销　新华书店及其他书店

印　　刷　北京君升印刷有限公司
装　　订　廊坊市广阳区广增装订厂
版　　次　2016年12月第1版
印　　次　2016年12月第1次印刷

开　　本　880×1230　1/32
印　　张　6.875
插　　页　2
字　　数　151千字
定　　价　39.00元

序　言

生态文明作为一种高级的文明形式，与社会的物质文明、精神文明、政治文明密切联系。生态文明是物质文明、精神文明、政治文明的基础和前提，反过来物质文明、精神文明、政治文明又会促进生态文明的发展与进步。

青海地处青藏高原腹地，是长江、黄河、澜沧江的“三江源头”，被誉为“中华水塔”，是欧亚大陆孕育大江大河最多的区域，是世界高海拔地区生物多样性最集中的地区，也是我国重要的防沙保土和碳汇功能区。三江源是青藏高原的腹地和主体，孕育了世界上最具特色的高原生态系统，既是全球气候变化的启动区、调节区，也是生态环境敏感脆弱地区。习近平总书记语重心长地嘱托青海：一定要生态保护优先，扎扎实实推进生态环境保护，像保护眼睛一样保护生态环境，像对待生命一样对待生态环境，推动形成绿色发展方式和生活方式，保护好三江源，保护好“中华水塔”，确保“一江清水向东流”。

随着中央提出建设生态文明，把三江源生态保护和建设上升为国家战略，近年来，青海省认真贯彻中央指示精神，不断深化对省情的认识，不断升华发展理念和思路，明确提出“青海最大的价值在生态、最大的潜力在生态、最大的责任也在生态。”把生态文明建设作为事关全局和长远发展的重大战略任务，实施“创建全国生态文明先行区”决策，着力培育生态文化体系，深入实施重大生态工程，大力发展高原生态经济，建立健全生态文明制度体系，在实践中正确处理生态保护、区域发展、民生改善三者的关系，初步探索出了一条符合本地实际的生态文明建设新路，这也为社科理论工作者研究生态文明提供了广阔的舞台和鲜活的实践素材。

青海省委党校积极融入生态文明建设大潮，立足职能，发挥作用。一方面紧紧围绕生态文明建设需要加强教学设计，深入开发生态文明建设教学专题，列为主体班次必学课程，及时组织进课堂、进学员头脑，教育引导学员树立生态文明理念、增强生态保护意识。一方面加强科学研究，对生态文明建设中的新问题、新经验，进行理论分析归纳，提出对策建议，助力青海生态文明建设，做出了应有的贡献。同时，也培养锻炼了一批生态学科的教研人才。

杨皓然博士始终将生态经济学作为研究方向，经过较长时间的耕耘，形成了这部《三江源生态经济系统耦合机制研究》。本书以三江源生态经济系统为研究对象，以生态经济学、环境经济学、制度经济学和行政管理学等学科为理论基础，围绕三江源生态经济系统良性耦合主题，从生态经济系统耦合度评估、耦合优化体系构建、耦合风险管理和耦合保障机制等方面展开研究，论述了生态经济系统及耦合的内涵、结构和特征，并从可持续发展的视角构建了生态经济系统耦合机制的研究体系，较为客观地总结了三江源生态经济系统中各子系统之间的运行状况，分析了三江源生态经济系统发展不均衡问题及原因，为促进三江源生态经济系统良性耦合，解决好三江源地区生态保护与经济发展问题提供了有价值的理论参考和决策依据，也可为同类地区的发展提供一定借鉴。这也是我们乐见其出版发行的原由所在。

是为序。

赵永祥

（中共青海省委党校、青海省行政学院、青海省社会主义学院常务副校(院)长）

目　录

第一章

绪　论

生态经济系统是生态经济学最基本的范畴，是一切经济活动的载体。生态经济系统耦合程度与状况直接反映了区域生态系统、经济系统和社会系统相互作用与互为因果的关系，也决定了地区生态经济健康与可持续发展。三江源作为“中华水塔”“江河之源”，生态地位重要，生态资源独特，生态系统脆弱，但是经济社会发展较慢也限制了三江源发展能力的提升。三江源生态经济系统良性耦合机制的构建将对三江源优化资源配置，提升生态与经济效能和效益，实现三江源可持续健康发展具有重要战略意义。

第一节　研究背景和选题依据

一　研究背景

人类发展过程中的历史经验和教训不断提醒着我们，生态环境遭受破坏的主要原因是人类更为关注经济系统和社会系统的物质积累，而忽视甚至无视对生态系统的保护与发展。不仅如此，人类还忽略甚至无视生态系统的有限性，将生态系统中的各种资源简单视为经济系统发展的生产要素，进行无限制的开发与利用。然而，在人类不断获得大量经济社会福利的同时，却不断减少着生态系统提供给人类赖以生存的生态环境福利。正是由于人类过度开发生态系统，无视对其保护和发展，20 世纪 60 年代始生态系统则以毁灭的方式开始报复人类，温室效应、臭氧层破坏、土地退化、荒漠化和酸雨等现象不断涌现，对人类生存环境产生巨大威胁。造成此局面的根本原因，正是人类对经济系统无限增长的欲望超越了生态系统有限承载能力，致使生态系统遭受严重破坏，让人类步入了经济社会有增长但没有发展的歧途。在生态环境不断恶化的背景下，越来越多的学者开始关注经济增长、社会发展与生态环境保护之间的关系问题，并产生了较多具有影响力的作品。1962 年，美国学者 Rachel Carson 撰写的《寂静的春天》[①] 指出美国大量使用农药对生态环境产生的巨大损害，引起世人高度重视，成为转变经济增长与环境保护传统观念的“导火索”。1970 年，由美国学者 Donella Meadows 等人共同撰写的《增长的极限》[②] 提出，经济增长的极限就是地球的极限，全球均衡状态是解决全球性环发问题的最终出路。此后，世界众多国家政府、研究

① 1962 年，Rachel Carson 通过《寂静的春天》首次揭露了美国农业和商业一味追逐利益而滥用农药的事实，并对人体造成的危害进行了阐释，使人们认识到农药污染的重要性。

② 环境保护运动的先驱组织、著名的罗马俱乐部给世界的第一个报告，给人类社会的传统发展模式敲响了第一声警钟，进而掀起了世界性的环境保护热潮。

机构和不同领域的学者，对生态系统与经济系统两者关系、相互作用与演变过程、协调发展保障机制等方面进行了不同视域、不同层次、不同维度的研究，形成了生态经济系统、生态经济功能、生态经济效益、生态经济价值等理论。其中，最为重要的研究基础就是生态系统与经济系统耦合。生态系统与经济系统的耦合不仅决定了两系统融合方式、运行方式和发展方式，也决定了经济发展形态和多种不同价值的创造。因此，对于生态经济系统耦合机制的研究逐渐成为政府、学者和机构当前最为关注的研究内容。

三江源地处青藏高原腹地、青海省南部，平均海拔3500—4800米，是长江、黄河和澜沧江源头汇水区。据统计，我国黄河水量38%、长江水量1.9%和澜沧江水量15%均从青海高原流出，三条江河累计每年向中下游供水499亿多立方米，哺育了中国一半的人口，支撑了我国江河流域地区的经济社会发展，是孕育中华民族、中南半岛悠久文明历史的世界著名江河，被誉为“中华水塔”[①②]。三江源拥有世界上海拔最高、面积最大的高原湿地生态系统，不仅是我国重要的水源涵养地，更是对我国气候环境影响作用力最大的生态调节区。过去几十年中，受到全球气候变化特别是人类活动加强等综合因素影响，三江源生态系统承受着巨大压力，表现在湖泊水位下

① 张孝德：《青海省生态文明建设的理念、制度与体制改革》，载《青海省委党校研究报告》2015年第2期。

② 张贺兰：《青海三江源生态保护和建设工程规划研究》，青海人民出版社2012年版。

降与湿地面积减少、草场退化与土地沙化加剧，导致水源涵养能力大幅下降，严重削弱了三江源生态功能。为全面遏制三江源生态环境不断恶化的局面，2005 年 1 月国务院启动了当时我国最大的生态工程项目，批准投资 75 亿元建设国家级自然保护区。同年 8 月 30 日，三江源国家级自然保护区生态保护和建设一期工程（以下简称“一期工程”）正式启动。一期工程实施 8 年后，2013 年 12 月国务院再次通过了青海三江源生态保护和建设的二期工程（以下简称“二期工程”），批准投资 160.6 亿元，工程区辐射面积从一期的 15.2 万平方千米增加到 39.5 万平方千米，并将工程区划分为重点保护区、一般保护区和承接转移发展区。2014 年 1 月，二期工程启动的同时还启动了三江源国家生态保护综合试验区建设，要求坚持生态保护、绿色发展与提高人民生活水平相结合，科学规划，改革创新，形成符合三江源地区功能定位的保护发展模式，建成生态文明的先行区，为全国同类地区积累经验、提供示范。这些重大举措不仅凸显了国家对于保护和建设三江源生态环境的决心和信心，也凸显了三江源生态安全的重要战略地位。三江源作为我国生态屏障，加强其生态保护建设、发挥生态服务功能无疑是三江源对国家生态安全和可持续发展的重大贡献。但是，对于经济社会欠发达的三江源地区来说，国家和青海省两个层面构建的各项促进生态环境建设和保护的政策与机制，却又限制了地区经济发展所需要的矿产、植被等自然资源要素的获取，从而严重限制了其获取经济社会发展最为重要的动力。

同时，三江源地区经济社会发展长期滞后，内生动力不足情况突出，与国家经济社会快速发展与进步相差甚远，地方政府和民众对经济社会发展的诉求强烈。一方面，三江源生态环境脆弱而重要；另一方面三江源地区经济社会发展滞后，人民生活水平较低。“保护与发展”两者的偏颇都不是科学发展，更无法实现我国“两个百年”的奋斗目标，三江源地区的发展也正面临着生态保护与经济社会发展的“两难困境”。三江源需要发展，是生态与经济两者的和谐发展、可持续发展。正确处理两者关系，不能就生态保护谈生态保护，就经济发展谈经济发展，实现两者均衡、健康、可持续发展的根本改变要以生态系统约束为条件和前提，促进三江源生态系统与经济系统良性耦合互动，构建地区生态经济化和经济生化的发展新模式，以达到生态环境健康、生产方式转变、生活水平提高相互协调与融合的发展目标。

二　选题依据

生态经济系统中存在着三大子系统，分别是生态子系统、经济子系统和社会子系统。三个子系统发展规律、运行机制和角色作用各有不同，其中经济和社会子系统是“增长型”和“发展型”，而生态子系统则是“稳定型”。生态经济系统存在的主要矛盾是经济子系统无限制的增长与相对稳定和有限要素供给的生态子系统之间的矛盾，破解此矛盾的重要途径是实现生态经济系统的良性耦合。生态子系统与经济子系统的良性耦合是实现生态与经济社会“共生演进”发展的前提和基础，是保障生态经济系统可持续发展的核心内容。因此，对于生态经济系统耦合的研究已经成为政府、学者和研究机构在推进转变经济发展方式，促进生态与经济和谐、两型社会建设等方面研究的主要内容，特别是对于破解自然资源富集、经济欠发达的三江源地区的生态与经济发展矛盾所不能回避的重点研究主题。生态经济系统作为生态经济理论的核心和基本范畴，对其的研究虽然起步较晚些，但是学者通过生态经济系统之间的物质、能量、信息和价值等要素间相互作用与交互影响，多方面、多视角对生态与经济系统耦合进行广泛研究，并逐渐形成了生态经济系统结构、生态经济系统功能等理论。这些理论集中体现在生态资源与经济发展关系、生态经济系统耦合制度、生态经济产业及生态经济系统管理机制等方面内容体系。同时，国内学者对于生态经济系统耦合实践问题的研究，主要集中在地区局部如流域、林业、草地等方面生态系统与经济系统耦合发展的研究。这些理论体系与实现总结的发展与完善为本研究提供了坚实理论基础，特别是对于生态经济系统耦合研究思路、研究方法和研究体系上给予了理论支持，为完成本研究提供了重要的理论依据和指导。

近些年，青海省各级政府充分认识到经济社会发展与生态环境“唇齿相依”的密切关系，深刻地认识到造成各种出环境问题的根本原因始终都是经济发展方式、经济结构调整和发展道路选择的问题，离开经济发展谈环境保护是“缘木求鱼”，离开环境保护谈经济发展是“竭泽而渔”。在转变发展思想的同时，青海省大力发展地区生态经济和循环经济，获得了一定的发展经验，奠定了其生态经济系统耦合与可持续发展的现实基础。2012 年青海省第十二次党代会创新性地提出了“三区建设”，即建设国家循环经济发展先行区、建设生态文明先行区、建设民族团结进步先进区，并以此为载体全面促进了青海省转变发展方式和提高可持续发展能力。2014 年，青海省委第十二届七次全会上又明确提出，把生态保护第一作为立省之要，以生态文明的理念统领经济社会发展，加快构建走向生态文明新时代的空间格局、产业结构、生产方式和生活方式，努力实现生态美好、经济发展、百姓富裕的有机统一。2015 年，青海省委十二届十次全体会议通过的《青海省“十三五”规划建议》中再次指出要更加注重生态保护，必须坚持生态保护优先，把生态文明理念贯穿到经济社会发展中，着力打造绿色发展新优势，切实履行好维护国家生态安全的历史责任，服务中华民族长远利益，实现可持续发展。同时，要深入推进国家循环经济发展先行区建设，以绿色循环低碳为主攻方向，着力解决产业结构不合理、传统产业效益不高、新兴产业规模不大等问题，实现经济提质增效升级，打造绿色青海。目前，青海省虽然在生态经济系统耦合的实践层面有一定的经验，但是并未形成由实践到理论的提炼与总结。特别是作为青海省生态系统核心区域的三江源，近些年人们更为关注的对于其生态环境的保护，对于其生态系统与经济系统相互作用与影响的研究鲜少。然而，过去几十年中三江源生态系统不断遭受破坏，如草地退化最为重要的原因是载畜量过大等，均是人们的生产生活超出生态系统最大承载能力而导致的。因此，加强对三江源生态经济耦合机制的理论与实践研究，构建良好的耦合模式，始终影响着三江源地区生态保护、经济发展质量的效果。目前，国内学者对于三江源生态经济系统耦合研究较少，针对生态经济耦合评估、管理等机制研究更未形成系统、整体的研究思路和体系。基于此，加强三江源生态经济系统耦合机制的研究不仅是实现地区生态保护与经济和谐发展的现实需要，也是丰富研究内容的理论需要。这也正是本研究的动力基础和着力点。

第二节　研究目标和意义

一　研究目标

生态经济系统是生态子系统、经济子系统和社会子系统相互作用，相互融合的有机整体，是一个功能更大、结构更为复杂的系统。它是生态经济学中最重要最基础的理论范畴，也是人们经济社会活动的实际载体。由于生态系统与经济系统的作用关系和机制特性，人类的各种经济活动不仅受到经济社会系统影响，也直接或间接地受到生态系统影响。因此，减少经济系统发展对生态系统的负面作用和影响，就必须关注生态与经济系统的耦合问题。生态经济系统良性耦合将会大幅提高生态与经济子系统融合后的运行效果、效率和效益，在推动经济社会发展的同时，实现对生态系统的保护。特别是对于三江源地区，由于生态安全重要性和经济社会发展滞后性，对其生态经济系统耦合机制的研究将会是未来实现地区经济系统与生态系统和谐发展的重要内容。目前，无论是理论还是实践层面，国内外学者对于三江源地区生态经济系统耦合机制的研究成果鲜少。鉴于以上分析，本研究选择三江源生态经济系统耦合机制为研究主题，通过对三江源生态经济系统耦合运行现状、耦合优化体系构建、耦合风险管理和相关保障机制等内容的研究，以尝试构建起三江源生态经济系统良性耦合机制，并期望在以下几方面有所突破。

1. 建立三江源生态经济系统耦合度评估

借鉴相关模型理论，设计三江源生态经济系统耦合度评价模型，构建具体评估指标体系，采用层次分析法（AHP）确定各项评价指标权重，同时运用系统论中系统演化的理念建立生态系统与经济系统互动关系的动态耦合过程模型，并基于协同论原理，分析由生态与经济子系统复合成的生态经济系统的动态演变和耦合状态，以实现对三江源生态经济系统耦合运行情况进行主客观相结合的评析，力图达到对三江源生态经济系统耦合情况准确评估，从而获得科学、客观的评估结果，为优化三江源耦合机制奠定科学基础。

2. 优化三江源生态经济系统耦合体系机制

生态经济系统中的生态和经济两个子系统之间的耦合

程度决定了其耦合的类型（良性、不良和恶性耦合），也直接决定了生态经济系统运行的可持续性。因此，优化三江源生态经济系统耦合体系是促进三江源生态经济系统良性耦合的重要理论基础和支撑。本研究基于相关理论，尝试从生态和经济子系统两者在耦合载体选择、产业布局、市场模式等方面构建起三江源生态经济系统耦合体系的优化机制。

3. 构建三江源生态经济系统耦合风险管理机制

由于生态经济系统是一个开放的系统，导致生态经济系统耦合过程中总是存在着各种潜在风险，造成多种耦合危机。本研究尝试以生态足迹为手段，对三江源生态经济系统耦合过程中的风险进行评估，以建立其生态风险监控机制。通过使用生态足迹模型对三江源生态经济系统耦合过程中生态足迹、生态承载力和生态赤字进行分析，计算出生态风险指数以判断三江源生态风险的程度。基于以上内容，本研究从抓住风险产生根源、做好顶层设计、控制人口数量以及优化产业结构等方面提出破解风险的管理措施。

4. 建立三江源生态经济系统耦合保障机制

围绕促进三江源生态经济系统良性耦合为主体，从政府主体生态行为调控、人的生态补偿机制和自然资源资产产权制度三个方面构建起保障机制，在机制供给合理和科学的前提下，全面促进三江源生态与经济子系统的耦合，为实现生态经济系统永续发展提供顶层设计的支持。

二 研究意义

（一）理论意义

（1）生态经济系统耦合相关问题的研究涉及多个学科，本研究将在现有研究基础上将生态经济学、环境资源经济学、制度经济学和行政管理学等学科的理论、思想和方法交叉运用到三江源生态经济系统耦合机制研究中，实现不同学科之间紧密结合，尝试丰富生态经济学相关理论基础研究的思路和内容。

（2）通过构建三江源生态经济系统耦合度评估机制，建立生态经济系统耦合优化体系机制、生态经济系统耦合风险管理机制和生态经济系统耦合保障机制等方面的研究，探讨促进三江源生态经济系统良性耦合的实现途径，以提高其运行效益和效率，尝试拓展生态经济系统耦合机制研究的思路和体系。

（3）运用层次分析、生态足迹、生态风险指数等方法，探索构建生态经济系统耦合机制相关内容的研究方法与手段，期望形成生态经济系统耦合机制研究的新方法和新内容。

（二）现实意义

三江源的生态安全对于中国甚至亚洲生态环境具有重要的战略意义。一方面，我们需要全力保护好建设好三江源生态环境；另一方面，我们也需要不断加强与提高三江源地区自身发展能力，推进地区经济社会健康发展。三江源生态经济系统耦合机制研究能够促进在生态约束下经济社会内在动力的形成与发展，从而实现三江源地区内生动力生成与可持续发展的目标。因此，本研究将有助于为各级政府促进三江源地区生态保护与经济系统相互融合、协调发展，实现三江源生态经济系统可持续发展提供一定的现实参考价值。

(1) 针对三江源生态独特性和经济发展特殊性所形成的生态经济系统运行情况进行了较为深入的分析，梳理、归纳了生态经济系统中各子系统发展中的相互作用关系，为三江源生态与经济系统可持续发展目标提供一定的参考意见。

(2) 用过去 8 年数据解析三江源生态经济系统内经济子系统、生态子系统和社会子系统的运行和成效，深入分析各子系统间的相互关系和作用以及影响其可持续发展的主要问题和成因，为促进三江源生态子系统、经济子系统和社会子系统良性耦合提供理论支撑和技术支持。

(3) 围绕促进三江源生态经济系统良性耦合，从政府主体生态行为调控、人的生态补偿机制和自然资源资产产权制度三个方面构建起保障机制，为确保生态经济系统的健康、可持续发展提供政策意见。

第三节　研究方法、技术路线和结构安排

一　研究方法

由于本研究的主体是三江源生态经济系统耦合机制，其内容涉及多个学科，需要借鉴和采用不同学科领域的手段和方式，实现跨学科之间的互补。主要方法如下：

1. 系统分析方法

本研究的主题是生态经济系统耦合机制，因此对于此内容的研究始终要遵循系统分析思路，强化用系统分析方法指导研究全过程。

2. 理论逻辑演绎推理法

本研究注重借鉴相关理论进行科学演绎推理，从而得出具有合理性和科学性的研究结论。

3. 规范与实证研究相结合方法

在研究过程中，既注重通过规范分析阐述生态经济系统耦合机制的构建，也注重对其运行效果的实证分析，从而实现规范与实证研究相结合。

二　技术路线

本研究在当前国内外学者关于生态经济学、环境资源经济学、制度经济学和行政管理学等学科研究的基础上，紧密结合三江源发展的现实需要：第一，确定了三江源生态经济系统耦合的研究选题；第二，梳理、归纳国内外相关文献和基础理论，并进行评析以形成本研究的研究理论支撑；第三，通过近8年的数据梳理，对三江源生态经济系统运行情况及各子系统相互作用情况进行归纳总结；第四，通过生态经济系统耦合度的计算，分析影响三江源生态经济系统良性耦合存在的问题和成因；第五，基于以上分析，构建优化三江源生态经济系统良性耦合体系，为破解系统耦合中存在的问题提供解决方案；第六，分析三江源生态经济系统耦合存在的生态风险程度，并从四个方面提出解决风险的方案和措施；第七，从政府主体生态行为调控、人的生态补偿机制和自然资源资产产权制度三个方面构建起保障机制，确保生态经济系统的永续发展。具体研究技术路线见图 1.1。

三　结构安排

本研究共分为 8 章，各章结构和内容安排如下：

第一章：绪论。本章重点介绍了课题的选题背景、选题依据，阐述了研究目的和意义，同时介绍了研究方法和研究技术路线。

第二章：文献综述与研究理论构建。从生态经济学、环境资源经济学、制度经济学和行政管理学等方面梳理了相关研究成果和文献，并对现有资料和文献展开评述以形成课题研究的思路和体系。同时，提出生态经济系统耦合的定义以及构建三江源生态经济系统耦合机制研究体系。

第三章：三江源生态经济系统发展现状及分析。首先，从 2007 年到 2014 年以来，针对三江源生态系统、经济系统和社会系统的发展现状进行了阐述；其次，在现状总结的基础上对三江源生态经济系统各个子系统之间运行的相互作用关系和影响进行解析。

第四章：三江源生态经济系统耦合度评估机制。首先，在相关理论基础上构建本研究所需要的生态经济系统耦合度评价模型，主要包括完善评估指标体系、确定评估方法；其次，对三江源生态经济系统耦合情况进行测算，形成分析的数据基础和支撑；最后，在数据分析的基础上对三江源生态经济系统耦合状况进行深度剖析，以发现问题及总结成因。

第五章：三江源生态经济系统耦合体系优化机制。从生态与经济子系统两者在耦合载体选择、产业布局、市场模式等方面构建起三江源生态经济系统耦合体系的优化机制，以促进三江源生态子系统与经济子系统充分融合，提高生态经济系统良性耦合程度和耦合效益。

第六章：三江源生态经济系统耦合风险管理机制。通过使用生态足迹模型对三江源生态经济系统耦合过程中产生的生态足迹、生态承载力和生态赤字进行分析，以判断三江源生态风险的程度，并以生态能力中生态足迹为手段，对三江源生态经济系统耦合过程中的生态风险进行评估，以建立其风险管理机制。从抓住风险产生根源、做好顶层设计、控制人口数量以及优化产业结构等方面提出了破解风险的具体措施。

第七章：三江源生态经济系统耦合保障机制。围绕促进三江源生态经济系统良性耦合为主体，从政府主体生态行为调控、人的生态补偿机制和自然资源资产产权制度三个方面构建起保障机制，确保生态经济系统的永续发展。

第八章：结论与展望。总结课题研究的结论，指出了研究中存在的不足之处以及未来研究的拓展方向。

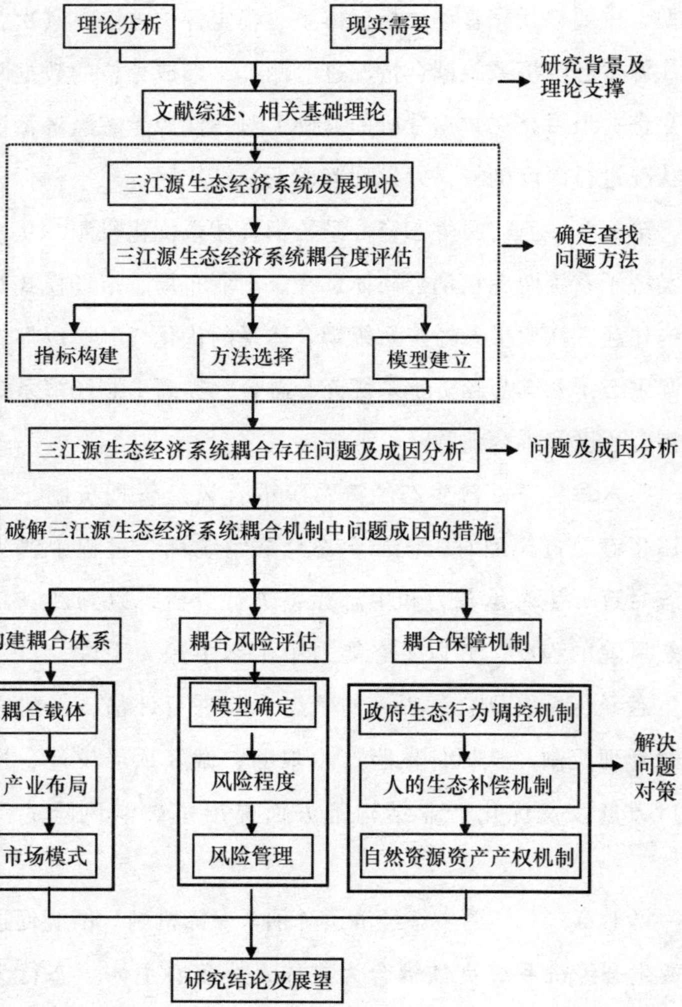

图 1.1　本书研究技术路线图

第二章

文献综述与研究理论构建

第一节　生态经济系统

生态经济系统是生态经济学的基本范畴，也是生态经济学的研究对象。虽然不同学者对此研究的侧重点不同、角度不同，但主要是将生态系统与经济系统之间的相互作用与影响的关系作为生态经济学核心体系展开理论和实践两个层面的研究。生态经济系统的提出不仅拓展了经济系统与生态系统之间关系的内涵和外延，更为重要的是改变了人们传统经济系统的发展观念，对生态保护、经济发展和社会进步之间作用关系的研究产生了深远影响。归纳生态经济系统研究主要内容有：

一　生态经济系统内涵

我国科学家钱学森提出，系统是由相互作用和相互依赖的若干组成部分结合成的具有特定功能的有机整体。① 国内外学

① 钱学森等：《论系统工程》，湖南科技出版社 1998 年版。

者对于生态经济系统的内涵、结构和特征未能形成统一认识，学者主要还是从不同学科视域对其进行分析。目前，学术界对于生态经济系统内涵的分析主要是通过生态与经济系统两者耦合的视角进行界定。一般认为，生态经济系统是经济系统与生态系统相互交织、相互渗透、相互作用而构成的具有一定结构和功能的复合系统，是人类一切活动的载体。

1989 年，Robert Costanza 指出生态经济学是研究生态系统与经济系统之间关系的科学，两者关系是当今人类所面临的众多紧迫问题的根源。[①] 1996 年，Herman E. Daly 提出经济系统是生态系统的子系统，由于生态是有限的，所以经济系统的数量性增长就不可能是无限的，而也是有限的。生态经济理论认为宏观经济只是一个包含内容更多、更有支撑能力的整体（即地球、大气圈和生态系统）的一部分，只是这个“地球系统”的一个开放子系统。[②] Pearce 和 Warford 认为生态经济系统不是生态环境系统和社会经济系统简单线性相加与重叠形成，而是经过耦合形成的具有更高级形态的复合系统。[③] 我国学者沈满洪提出，生态系统与经济系统不能自动耦合，必须在人的劳动过程中通过技术中介才能相互耦合为整体，以此形成

---

① Robert Costanza, What is ecological economics?, *Ecological Economics*, Vol. 1, No. 1, 1989.

② ［美］赫尔曼·E. 戴利：《生态经济学——原理与应用》，徐中民等译，黄河水利出版社 2007 年版。

③ Pearce, D. W and Warford, J. J, *World without End*: *Economics*, *Environment and Sustainable Development*, Oxford: Oxford University Press, 1993.

价值并实现增值。在此基础上，他认为生态经济系统是由生态系统和经济系统通过技术中介及人类劳动过程所构成的物质循环、能量循环、价值增值和信息传递的结构单元和复合系统，是生态系统和经济系统的有机结合与统一①。唐建荣提出生态经济系统是由生态系统和经济系统相互交织、相互作用、相互混合而成的复合系统，在这两者间有物质、能量、信息和价值的交换与转换，是一个具有独立的生态经济复合体。

基于相关学者的理论研究，本研究认为生态经济系统是以人为主体，以生态系统为基础，以经济系统为中心，以社会系统为载体，通过生态系统与经济系统之间的耦合，实现功能提升、运行顺畅、效益显著的一个多功能复合系统。由于人能动性与创造性，决定了人始终处于生态经济系统中的主体定位，这种主体定位体现在人对生态系统、经济系统和社会系统的能动力与影响力；生态系统为基础定位则意味着其边界与容量是经济、社会系统的约束条件；经济系统为中心定位体现在经济发展是促进生态系统与社会系统发展的动力保障；社会系统为载体定位则说明其是促进生态与经济系统两者耦合发展的手段和媒介。当以上四方面充分发挥积极作用时，才能实现生态经济系统集合成功能更为强大的复杂系统。

① 沈满洪等学者指出生态经济系统是生态系统和经济系统的有机结合与统一。加强两个系统的结合与统一是由社会系统提供的制度、机制等要素促进两者的耦合。

二 生态经济系统结构

学者对于生态经济系统结构的研究主要在理论和实践两个层面。在理论层面上，学者对于生态经济系统结构分析主要有以下三方面的观点。第一种观点认为，生态经济系统结构中存在着生态系统和经济系统两个子系统，虽然两个子系统之间是需要通过劳动等社会要素的影响才能实现，但是并没有将社会因素纳入生态经济系统中进行分析。如刘清娟在《浅谈绿洲生态经济系统运行机制的特点》一文中，明确指出生态经济系统结构是由生态系统和经济系统构成。第二种观点认为，生态经济系统结构中存在着生态系统和社会经济系统。此观点将社会系统与经济系统合并为一种系统与生态系统构建成为生态经济系统。虽然考虑了社会要素，但是却将其与经济系统合并。如曹明宏等在《论生态经济良性耦合与湖北农业运作机制创新》中指出，生态经济系统是生态环境系统和社会经济系统的耦合系统。第三种观点认为，生态经济系统是由经济系统、社会系统和生态系统三个主要成分构成。代表性的学者观点有：王书华在《区域生态经济学——理论、方法和实践》中指出，区域生态经济系统一般由生态系统、经济系统和社会三个子系统组成，每一个子系统又可以进一步划分为各种低一级的子系统。马世骏等学者对以往生态经济系统结构进行了完善和补充，主要是增加了对社会系统的思考，他认为生态经济系统结构应该是由生态环境、人的栖息劳作环境和社会文化环境相互耦合而成，并在此基础上构建了经济—社会—生态复合系统，其内涵和结构更符合系统性和逻辑性。本研究认为，虽然生态经济系统是生态与经济系统两者耦合后形成的复杂系统。但是，由于生态系统与经济系统不能实现自我耦合，需要通过社会系统提供的劳动者、技术、政策、制度和管理等手段与方法的"嵌入"，才可以实现两者良性耦合运行。在实践层面上，理论研究不能脱离现实发展，学术研究为现实服务才是上乘的研究，否则容易成为空中楼阁、海市蜃楼的说辞，失去理论的生命力和价值。因此，实现的发展是推动理论创新与发展的动力源泉。特别是，随着我国人民生活水平的提高，社会主体人民群众生态环境的要求越来越高，生态环境在群众生活幸福指数中的地位不断凸显，环境问题日益成为重要的民生问题。因此，生态问题不仅仅是生态问题，而且是涉及经济和社会领域的一个综合性问题。解决这些问题，不仅是要保护生态，更为重要的是改变生产方式和加强社会治理，即经济系统发展方式的改变和社会系统要素的参与，以及三个系统之间的协调与融合。因此，对于生态经济系统结构的研究不能仅仅关注生态系统和经济系统，也要关注社会系统的作用。

基于以上理论和实践两方面的阐述，本研究认为生态经济系统是由生态、经济和社会系统三个子系统构成，各子系统在生态经济系统的耦合、运行和功能中具有的地位和作用不同。第一，基于生态经济学系统观，经济与社会系统是生态系统的子系统，这意味着生态系统是生态经济系统的基础。这种基础性作用表现在生态系统不仅为经济系统提供生产和再生产所需的物质、能量和价值的交换与转换，更为经济系统和社会系统提供各种生态福利如生存环境与气候等。第二，由于经济系统的“增长型”特质使其具有较强的能动性和主动性，所以经济系统在生态经济系统中具有主动和主导的地位与作用。通过经济系统控制和调控功能使得经济活动生产和再生产均体现出一种具有较强目的社会活动，并通过技术、制度和政策等载体优化生态系统的结构和功能，使其为人类服务。第三，社会系统是人类之间和人类与自然之间相互作用、相互合作，按照一定的行为规范、制度要求，通过经济关系、物质精神手段以及信息技术等综合系统作用而结合成的有机总体。社会系统不仅建立了人与人、人与自然之间的关系，也是为促进经济系统与生态系统相互耦合、协同发展提供技术、政策和制度保障的重要介质。

三　生态经济系统特征

由于生态经济系统是一个由生态、经济和社会三个子系统构成的复杂系统。因此，其运行、演变过程中既体现出各子系统特点，又体现出相互融合后的整体系统特点。

（一）系统整体性

生态经济系统是由三个子系统组成，三个子系统之间相互作用、相互影响，构成了功能强大、结构复杂、联系紧密的更大系统。这个系统中任何一个子系统的要素或者内部结构等发生变化时均可以引起其他子系统甚至整个生态经济系统的变化，体现出较强的系统整体性。

（二）地域差异性

由于不同区域内生态系统中的要素、能量和空间等方面存在着差异性以及经济系统发展水平不同，社会系统发展阶段不同，均会导致不同区域的生态经济系统在结构复杂程度、子系统耦合程度及运行方式等方面的不同，体现出较强的地域差异性。

（三）结构层次性

生态经济系统是由多个子系统构成，每个子系统中又存在着较多各自的小系统，各自子系统、小系统中又存在不同的要素，呈现出一个多结构与多层次的复合系统。这种结构层次横向体现在生态、经济和社会子系统结构构成，纵向体现在整体系统、子系统、小系统和具体要素等层次组成。

（四）动态演替性

生态经济系统中存在着大量的物质、信息、能量、价值等交互作用。因此，生态经济系统不是一个静态的系统，而是根据区域的不同发展阶段、发展目标和发展能力紧密结合地区生产力、技术和制度，不断动态演变的系统。这种演变的发展规律是由低级（耦合度低）向高级（耦合度高）动态演化的过程。

第二节　生态经济系统基本矛盾

生态经济系统中生态系统与经济系统在耦合、运行过程中，由于各自不同的系统特性和发展规律容易导致生态经济系统出现结构性或者功能性不适应等状态，这种不适应状态就是生态经济系统的基本矛盾。国内外学者对于生态经济系统基本矛盾的研究，主要体现在以下两个方面：一方面，通过对生态系统承载能力的研判，并以此为基础判断生态系统对经济社会系统发展的约束程度。从人类的现实发展过程可以总结出，伴随着经济社会系统发展快速增长的趋势，这种约束程度呈现不断加强的态势。在生态系统的约束与经济系统的无限增长之间，形成了约束与发展两股力量，这两种力量的相互作用与反作用就产生了两系统之间的基本矛盾。另一方面，根据生态系统的“稳定型”机制和经济系统“增长型”的反馈机制不同，分析研究两个系统在耦合过程中对实现两者平衡产生一定的不适应性，从而揭示生态经济系统的基本矛盾。

一 基于生态承载能力分析

（一）生态承载能力

1921 年，美国学者 Park 和 Burgess 首次提出了生态承载力的概念，指某一特定环境条件下，某种生物个体存活的最大数量。1949 年美国学者福格特指出，土地承载能力是生物潜力与环境阻力之比。1974 年，Bishop 在著作《环境管理中的承载力》中指出：“环境承载力表明在维持一个可以接受的生活水平前提下，一个区域所能永久地承载的人类活动的强烈程度。” Bailey J. A. （1984）认为生态承载力是指在无狩猎等干扰情况下种群与自然环境所达到的平衡点。在无外界干扰或合理狩猎（能够保持自然界种群数量的合理性）情况下，生态承载力仅由有限的生境资源决定。A. C. Smaal，T. C. Pdns 等（1998）认为生态系统承载力是在特定时间内，特定生态系统所能支持的最大种群数。Andrew，T. Hudak（1999）给出的生态承载力定义是指在特定时期内，植被所能提供的最大种群数量。以上三种对于生态承载力的定义虽然研究范围不同，但是对其定义的内涵和外延是一致的，即指在现有生态自然环境中生态系统所能容纳、接受的最大种群数量。我国学者关于生态承载力的研究始于20世纪90年代，目前主要体现出两个方面的研究：一方面是对其定义和内涵的研究；另一方面是对其运用的研究。王家骥是我国首先提出生态承载力概念的学者，他认为生态承载力是自然体系调节能力的客观反映，地球上不同等级的自然体系均具有自我维持生态平衡的功能，然而，自然体系的这种维持能力和调节能力是有一定限度的，也就是有一个阈值——最大容载量（承载力），超过这个阈值，自然体系将失去维持平衡的能力，遭到摧残或归于毁灭，由高一级别的自然体系（如绿洲）降为低一级别的自然体系（如荒漠）。程国栋认为，生态承载力是指生态系统所提供的资源和环境对人类社会系统良性发展的一种支持能力，由于人类社会系统和生态系统都是一种自组织的结构系统，二者之间存在紧密的相互联系、相互影响和相互作用，因此，生态承载力研究的对象是生态经济系统，研究其中所有组分的和谐共存关系。熊建新等运用生态承载力响应模型对洞庭湖地区经济、社会和生态环境变化进行了分析研究，并基于生态承载力大小对洞庭湖地区经济社会发展提出了政策意见。曹永辉针对生态承载力的理论发展过程，研究了可持续发展与生态承载力的关系，基于生态承载力可持续承载下的经济发展模式进行了评价，并给出了相应的建议。

生态承载力的提出为研究生态经济系统中生态系统供给和经济系统需求提供了重要的理论依据。由于生态系统承载能力的有限性决定了生态系统供给的有限性，由于经济系统和社会系统增长的无限性导致了生态系统对经济和社会系统发展约束前置条件。这种约束条件体现在生态系统对经济和社会系统发展规模、速度、方式和模式等方面的限制，也由此产生了生态经济系统的基本矛盾。正如 Dennis L. Meadows 主持罗马俱乐部撰写的《增长的极限》的报告，警示人类“零增长”是避免人类“灾难性的崩溃”的最好办法，即人类需要抑制增长。

（二）生态足迹

90 年代以后，“生态足迹”的提出为生态承载能力提供了具有较强定量评价的方法。1992 年，加拿大生态经济学家 william E. Rees 教授提出了生态足迹“Ecological Foot Print”这个术语，后来由其学生 M. Waekernagel 于 1996 年完善。生态足迹理论是一种衡量人类对自然资源利用程度以及自然界为人类提供生命支持服务功能的方法。由于生态足迹研究方法不仅便捷而且具有较强的科学性，因此该方法自从提出以来，立刻引起了世界各国政府、研究机构和学者的关注，学者结合不同地域、不同空间的生态系统和不同区域经济社会发展特性，进行了模型方法创新和运用，不断拓展了其研究的内容、体系和方法。目前，国外学者对于生态足迹理论方法和计算模型不断丰富和成熟起来。国内学者对于生态足迹的研究主要围绕计量方法运用和完善两大方面。在方法运用上，学者对生态足迹和可持续、物流分析等方法融合进行了评价指标与计算模型的创新，如将真实储蓄率和物流分析法与生态足迹理论相结合，研究生态城市建设的路径和措施等，将绿色 GDP 与生态足迹理论相结合，研究绿色 GDP 的核算等。曹伟以生态足迹分析方法为基础，提出了城市生态安全衡量指标的概念模型。在方法完善上，国内学者拓展了生态足迹土地类型构成，并将环境污染物、水资源消费、物质消耗等方面因素纳入计算体系，对其内容进行了丰富。谢小芸指出应增加对环境资源的供需平衡考察，在此基础上建立了包含物质消耗和生态环境因素在内的生态足迹供需平衡测算模型。张美英等在同一雷达图中，将生态足迹和生态承载力计算结果进行分析比较，使得两者产生的生态赤字和盈余更加直观。王健民等建立了反映复合生态系统冲击力、承载力及反馈力的多要素间动态相关模式图。徐中民等在 IMPACT 的基础上将社会资源纳入测量体系当中，发展了 IMPACTS 等式和内容体系。何峰等引入改进生态足迹模型（IEFM）的概念，对区域各类生态生产性土地的归属进行确认并加以分析，并以陕西省长武县为例进行了实证研究，为区域生态可持续发展的研究提供指导。

生态足迹作为一种研究工具丰富了生态承载力的研究方法，主要体现在通过不同区域的生态足迹研究可以获得区域生态需求，而生态承载能力却又是生态足迹供给。因此，将两者进行比较时就可以定量分析出不同区域生态系统与经济社会系统发展过程中供给与需求之间的关系，从而确定区域生态呈现赤字还是盈余的局面。国内学者将此方法还广泛运用于生态风险的研究，如赵莺燕等采用生态足迹模型测度了青海湖地区生态足迹与生态承载力，通过两者的比较判断出青海湖地区生态风险状况，并根据风险级别提出该地区降低生态风险的措施建议。安宝晟、程国栋利用生态足迹模型，对 2005—2010 年西藏的生态足迹和生态承载力以及生态盈余进行了测算，研究发现，西藏 2005—2010 年人均生态足迹呈现出振荡式上升趋势。

二　基于系统反馈机制分析

反馈一词源于控制论，指将系统的输出返回到输入端并以某种方式改变输入，进而影响系统功能的过程。由于反馈现象普遍存在于经济社会活动中，因此得到了广泛的运用。反馈可分为正反馈和负反馈。正反馈是指系统输出返回系统后信号、功能加强，以调节系统内部或者系统与系统之间维持自我平衡、发展，反之即为负反馈。

由于生态经济系统中生态系统与经济系统在输出物质、信息等返回到各自系统后呈现加强和减弱两种趋势，因此生态经济系统中存在着正、负两种反馈机制。学者基于生态经济系统中生态系统和经济系统各自的正、负反馈机制，对生态经济系统基本矛盾开展了研究。李莉鸿指出在经济系统中，某一个时刻的增长是为下一时刻的增长存积更大能量，是增长型系统，存在正反馈机制。但是，生态系统是要求系统的各物质要素在发展中保持相对平衡，是稳定型系统，存在负反馈机制。由于两者的反馈机制的差异，形成了对立矛盾。沈满洪指出，生态系统存在负反馈机制，调节着系统中种群生物量的增减，使之维持动态平衡。确切地说，是围绕某一阈值上下波动。经济系统存在正反馈机制，由于人类人口增长极对物质财富的追求，促使经济目标向正反馈方向移升，其本质是一个正反馈过程。当生态经济系统中生态与经济系统间进行能量、信息和价值等要素交互的时候，由于生态系统负反馈机制的作用而使得经济系统物质等输入生态系统时对其产生了功能减退效果，从而限制了经济系统的增长。由此，两个系统产生了根本矛盾。王书华认为，经济系统反馈机制是一个超过经济范畴的宏观社会过程，是以正反馈为主的增长型机制。虽然生态系统的自我调节机制存在着正反馈过程，但是就生态系统整个调节机制而言，保持其稳定发展是依靠此消彼长的负反馈机制自我调节。他也认为，正是由于生态系统与经济系统反馈机制的不同，导致了生态经济系统内部存在着不可避免的矛盾，这种矛盾体现在经济系统的增长易导致生态系统功能和能力减弱之间的关系。

归纳和梳理以上相关理论的研究，我们可以清晰地分析出：从生态承载能力和系统反馈机制两个视角对生态经济系统基本矛盾的研究，其核心都反映在生态系统有限性和经济系统无限性之间的矛盾上。这一矛盾主要体现在两个方面：一方面是经济系统无限增长所导致的对有限的生态系统各种自然资源的无限需求；另一方面是经济系统中生产、消费等行为产生的各类各种废物与生态系统调节和自净能力的冲突。正如美国学者赫尔曼·E. 戴利所强调的，经济系统作为地球生态系统的子系统，是一个外部的、更大的、有限的、非增长的生态系统的子系统。两者之间强调经济数量增长是有“最佳规模”的，而不是无限的，是受限于生态系统再生能力和可吸收容量范围的。[①] 无论是有限性和无限性之间的矛盾，还是生态系统对经济系统废物容纳能力产生的矛盾都涉及生态系统供给和容量的阈值。同时，我们还需要关注到不同区域中的人的意识、技术和发展水平等因素直接或间接地对生态经济系统的矛盾产生着不同的影响。一般来说，区域经济发展水平越高产生的溢出效应越强，从而促进了地区技术能力的提升，制度体系的完善，进而减少经济系统对生态系统依赖程度，满足生态系统阈值有限性要求，弱化两个系统基本矛盾。反之，若一个区域经济欠发达，地区技术水平、制度减少等能力较弱，那么经济发展对于自然资源的供给依赖性大，极易激化生态与经济系统的基本矛盾。作为经济社会发展水平较低的三江源地区，解决生态经

① ［美］赫尔曼·E. 戴利：《生态经济学——原理与应用》，徐中民等译，黄河水利出版社 2007 年版。

济系统基本矛盾应充分利用自然资源但又不应逾越生态系统能力供给和容量阈值范围，既要遵循生态系统的负反馈机制，也要遵循经济系统的正反馈机制，从而实现三江源地区“生态保护第一理念”下的生态、经济和社会的全面可持续发展。

第三节　生态经济系统耦合

一　生态经济系统耦合内涵

系统耦合的概念最初来源于物理学，指两个以上性质相近的系统相互作用、彼此影响和融合，进而形成新的更高一级结构、功能统一体的状态和过程，它既是一种状态，又是一种过程。任何一个复杂系统均由若干子系统耦合而成，子系统之间通过相互作用与耦合实现提高复杂系统功能和效益。我国学者关于生态经济系统耦合相关问题的研究始于80年代，但是对其含义还未形成统一共识，不同学者从系统论、能量流动和要素影响等方面进行了界定。1988年，时正新从生态农业组分组合程度与效果角度概括了生态经济耦合的含义，并把生态农业的耦合划分自然耦合和能动耦合两种形式，将耦合状态划分为良性、不良和恶性耦合状态三个等级[①]。90年代，具有代表性的学者是任继周院士。他较早开始研究草地农业系统中的系统耦合，并形成了相关概念和理论基础。近些年，我国学者对

① 时正新：《生态农业原理及其运用》，农业出版社1988年版。

生态经济系统耦合的认识不断深入，产生了一批具有一定影响力的作品。乔标等指出，区域生态经济系统耦合状态是指生态系统与经济系统之间、系统内要素与要素之间交互胁迫、交互依存关系的客观表征，它刻画了某一时点区域系统的演进态势或趋向。赵星在对贵阳市乌当区生态经济系统耦合研究时提出，生态经济系统耦合是在生态、经济要素内部以及两者之间，运用技术和经济手段构成生态经济因果关系链的过程。沈满洪指出，生态经济系统的协调有序性是生态系统有序性和经济系统有序性的融合，在两者之间物质、能量和信息的相互交换过程中各要素协同作用，实现两系统协同耦合。

本研究认为生态经济系统耦合是指在人的劳动过程中，通过技术、制度、劳动者等载体的影响，促进生态系统与经济系统之间实现能量流、信息流、物质流和价值流的转移过程，以实现两系统的融合与协调。其中，技术、制度和劳动者等要素均受到社会系统发育与发展程度的直接影响。因此，在研究生态经济系统耦合时不能也不应该忽略社会系统中介载体供给的作用。

二　生态经济系统耦合研究主要内容

我国学者对生态经济系统耦合研究还处于起步阶段，研究体系还不完善，研究成果也并不丰富。近些年，我国生态环境不断恶化，引起更多学者关注生态与经济之间的耦合研究，成果也呈现不断增多的局面，但是研究成果的范围、方法和思路还不够丰富。目前，国内学者对于生态经济系统耦合研究内容主要涉及三个方面，即耦合模式、耦合态势和耦合机制。

（一）耦合模式

生态经济系统耦合模式侧重对生态系统与经济系统耦合方式、耦合程度研究的模型构建和结果分析。宋红丽、薛惠锋等运用多目标灰色层次分析，基于耦合理论建立了区域经济—环境系统耦合度模型，并以西安为例进行了系统耦合度的定量分析。吕晓借鉴系统耦合的有关研究，运用系统耦合模型对塔里木河流域农用地生态经济系统耦合程度进行了评价与分析，并对该流域农用地生态经济系统耦合发展的基本思路与模式进行了探讨。梁磊磊将系统动力学模拟参数与常规耦合发展度模型相结合进行系统耦合程度判别趋势，并对吴起县农业生态经济系统耦合过程中的农草型和农果型耦合模式进行了构建。杨志龙等以肃南县为例分析了生态经济现状，利用生态经济系统耦合原理，通过模拟计算得出了系统耦合能够解决该地区生态经济问题，在此基础上提出了加速肃南县生态经济系统耦合的策略和方法。王继军等构建了农业生态经济系统耦合基础模型和扩展模型，在此基础上揭示了农业“生态—经济”活动过程，确定农业经济系统影响生态系统的临界点，建立了农业生态经济系统耦合过程模型。

（二）耦合态势

生态经济系统耦合态势侧重对生态与经济系统耦合的状态、发展趋势的预测和判断。许振宇等运用系统论，分析了湖南省生态经济系统内部组成要素、结构特征，并运用定量评价模型分析区域生态与经济系统的耦合状态。王琦等利用系统科学的协同思想及复杂系统涌现性理论构建了两者之间的耦合度及耦合协调度模型，并总结了产业集群——区域经济空间耦合协调度与系统涌现性的关系。盖美等基于区域经济与生态环境系统的发展速度，选取24个评价指标，利用耦合度模型并结合剪刀差分析评价辽宁省1996—2011年经济系统与生态环境系统的耦合发展，分析耦合度发展趋势及系统发展速度的差异性。李松从生态经济系统的可持续发展和外部效应的内部化现状入手，利用能值分析方法建立耦合指数模型，并对除西藏和台湾以外的我国29个省区的生态经济系统耦合状况进行了研究分析。杜娜等采用耦合关联度和系统耦合度模型对纸坊沟流域农用地生态经济系统耦合关系及耦合态势进行了分析，并提出了促进系统耦合的对策建议。刘佳等基于黄土丘陵区纸坊沟流域的调查资料，通过建立生态环境与社会经济综合评价指标体系和耦合模型，对该流域的耦合态势进行了分析。

（三）耦合机制

生态经济系统耦合机制重点对促进生态系统与经济系统良性耦合内在机制关系以及构建各种保障体制机制的研究。目前，国内外学者对于生态经济系统耦合机制研究关注不多，理论研究成果侧重于生态与经济系统相互作用机制研究，实现研究成果虽然紧密结合地区现实情况提出各种耦合机制，但是体系性较弱，且成果鲜少。

邵权熙针对生态经济系统耦合过程中是否有技术和经济等手段的参与，将生态经济系统耦合机制分为了生态环境系统内的自然耦合机制和社会经济系统的能动耦合机制，并且这两种耦合机制同时贯穿在生态环境系统与社会经济系统的物质与能量交流之中。曾刚基于经济子系统和社会子系统在耦合过程中能动性的强弱，将生态经济系统耦合机制划分为自然耦合（环境自动演替）机制和经济社会系统的能动耦合。[①] 刘勇从生态经济学的视角出发，在系统耦合理论基础上提出了生态经济系统耦合理论和耦合机制体系构建，包括耦合方式选择、耦合载体选择和耦合控制等，以提高生态经济系统耦合质量和运行效率，从而实现生态经济系统可持续发展目标。曹明宏等在分析了生态环境系统与社会经济系统耦合机制的类型基础上，结合当前湖北省农业发展的主要深层障碍在于“生态—经济”复合系统的良性耦合机制破缺，指出发展绿色农业是湖北省农业持续发展的可行性选择。以上学者根据不同领域和视角，开展了生态经济系统耦合机制的理论和实践研究，尽管在成果结论上存在差异性，但就其研究系统的内在逻辑关系和相互作用影响更为侧重基于经济社会系统能动性的耦合机制构建。目前，虽然此方面研究成果不多、体系也不尽完善，但是研究思路和方向仍然给本研究提供了较大的引导和示范作用。

基于以上研究成果，本研究在遵循自然耦合机制符合生态

---

① 曾刚：《生态经济的理论与实践》，科学出版社 2008 年版。

自然规律，能动耦合机制符合经济社会发展规律的基础上，通过生态经济系统耦合程度评估、耦合体系优化、耦合风险管理和耦合保障机制等方面，建立起较为完善的生态经济系统耦合机制。此机制既注重生态经济系统耦合过程中各种要素的流动与交互，又注重对其管理活动的过程。

三　三江源生态经济系统相关研究现状

国内学者对于三江源生态经济系统耦合机制的相关研究内容较为零散，相关成果更少，很难系统、分类地对研究成果进行梳理。目前，学者对于三江源生态经济发展研究主要集中在三江源生态移民、生态保护、生态补偿等内容，且研究成果较多。这些成果虽然没有直接研究三江源生态经济系统耦合机制，但是内容涉及三江源生态、经济和社会系统的可持续发展，其成果拓展了三江源生态经济系统耦合机制研究的深度和广度，起到了重要的借鉴和启示作用。

孙发平等通过对三江源生态系统服务功能价值的评估和补偿机制的研究，主要包括水资源价值、矿产资源价值以及农畜产品等动植物价值，并运用 CVM 方法对非使用价值进行了评价，在此基础上构建了生态补偿和生态补偿机制的研究。李俊丽等认为，目前三江源地区缺乏科学、合理的生态补偿机制，难以有效调节生态保护者、破坏者、受益者和受害者之间的关系，因此需要探讨如何建立三江源地区多层次的生态补偿体系和以市场为导向的多元化生态补偿机制。高雅运用草地综合顺序分类法、遥感技术和能值分析理论，对三江源地区的草原生态系统进行系统分类，并通过能值货币比率和能值转换率对三江源地区的草原生态系统 2001—2010 年的生态服务价值进行评估与统计，其成果结论是三江源草原生态系统生态服务价值约为 1500 亿元/年。马洪波认为，三江源试验区的体制机制创新要做好三个结合：一是把政府引导与社区主体两种作用有机结合起来，使当地群众成为保护主体；二是把政府调控与市场机制两种力量有机结合起来，使市场机制逐步发挥基础性作用；三是把现代科学与当地文化两种知识有机结合起来，使本土知识得到应有尊重。张孝德从三江源发展高原生态旅游业、高原生态畜产品业、高原民间手工业、高原新能源产业、生态保护产业等方面提出了三江源发展生态经济的思路。他特别指出，三江源未来的生态保护，本身就应该成为一个产业，这不是简单地让别人来养我们，是我们来养育环境，应该得到补偿，这是一个产业。任建新从金融的视角对三江源发展生态经济在金融支持缺位情况进行了研究，提出了较为全面的金融支持意见。鲁临琴分析了发展三江源地区高原生态畜牧业的客观必然性及其存在的问题，提出了加快发展三江源地区高原生态畜牧业的对策。石金友从全社会形成水资源水生态资产意识、编制水资源资产存量账户、建立资源资产化管理制度等方面提出了三江源水资源产业发展的创新思路。李素娟通过比较分析法，全面、系统地分析了三江源区产业结构的现状，认为该地区产业结构的合理构建必须以生态环境的保护与合理利用为基础。因此，应制定符合本地区生态经济系统协调发展要求的产业结构调整的措施，促进当地经济发展。王娟娟以三江源地区为例，通过创新管理体制、赋权、明确政府作用、加强社区能力培养等手段，引入由政府、支持方和社区三方代表组成的第四方，构建适宜的CBNRM模型，实现生态脆弱区自然资源的可持续管理。苏江洲提出了三江源区应充分发挥城镇化与生态环境间“正耦合”效应，以加快推进三江源区生态文明建设进程和全面小康目标的实现。①

根据国内外文献综述，本研究提出了生态经济系统概念和特征，明确了生态经济系统中的基本矛盾，梳理了生态经济系统耦合机制的研究内容等。这些内容为本研究提供了丰富的参考和借鉴作用。但是，学者对于生态经济系统耦合机制等研究仍然处于较为零散的局面，未能形成较为完善的体系化研究。因此，构建三江源生态经济系统耦合机制是本研究的出发点和落脚点。本研究在现有研究成果的基础上，努力拓展对三江源生态经济系统耦合机制研究的内容并不断完善研究体系。

---

① 苏江洲：《中国三江源区城镇化与生态环境耦合发展路径研究》，载《青海社会科学》2016年第1期。

第三章

三江源生态经济系统发展现状及分析

党中央、国务院始终高度重视三江源地区的生态环境保护与经济社会的发展。特别是改革开放以来，国家以可持续发展为目标，以工程项目为载体，以体制机制建设为手段不断加大对三江源生态、经济和社会发展的投入，取得了显著成效。2003 年 1 月，国务院正式批准成立三江源国家级自然保护区；2005 年，国务院批准实施为期 8 年的青海三江源自然保护区生态保护和建设一期工程，并制定了三江源自然保护区生态保护建设规划（见图 3.1）；2011 年 11 月，国务院第 181 次常务会议批准实施《青海三江源国家生态保护综合试验区总体方案》（以下简称《总体方案》），标志着三江源生态保护和经济社会发展进入了新的更高的发展阶段。2014 年 1 月启动的三江源生态保护和建设二期工程，其建设范围和目标与《总体方案》基本一致。其中，三江源行政区域范围划定为玉树藏族自治州、果洛藏族自治州、海南藏族自治州、黄南藏族自治州等“四州”全部的21个县和格尔木市唐古拉山镇，总面积为39.5万平方千米，占青海省省域总面积的54.6%，共计158个乡镇，1214个行政村（含社区）。三江源地处青海省南部，是青藏高原腹地。区域坐标为北纬31°39′—37°10′，东经89°24′—102°27′，平均海拔为3500—4800米。由于格尔木市的唐古拉山镇人口不足2000人，生态、经济和社会相关数据占比较小，且数据不全面，因此，本书未将该地区的有关数据纳入研究体系当中。

三江源生态保护和建设一期工程、二期工程的生态、经济和社会效益从2007年开始显现，体现在生态环境逐渐改善、

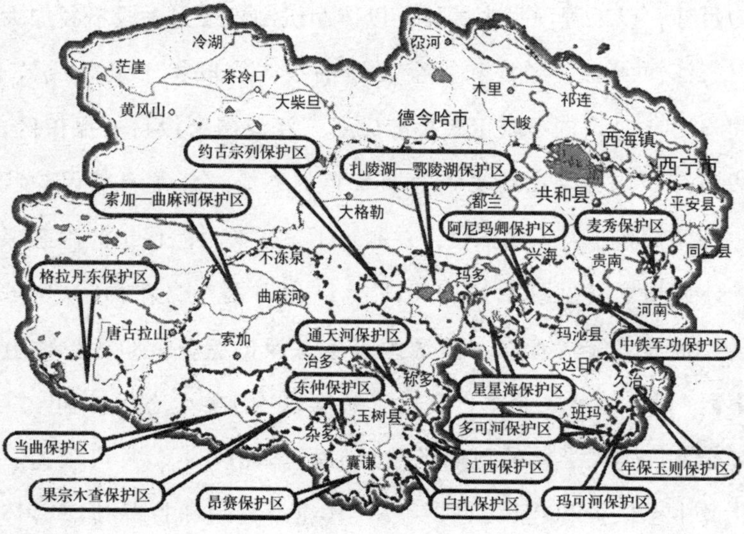

图3.1　三江源自然保护区生态保护建设规划

经济水平较快提升、社会发展稳步前行[①]。因此，本书主要通过对2007—2014年相关数据的分析归纳、总结三江源生态经济系统中各子系统发展现状和相互影响作用关系。

第一节　三江源生态系统

1935年，英国生态学家A. G Tansley首次提出生态系统概念，是指在一定的空间内生物和非生物成分通过循环和能量流动相互作用、相互依存而构成的一个生态学功能单位。[②] 生态系统由生命系统和环境系统组成。生命系统就是动物、植物、微生物等各种生命有机体的集合；环境系统是光、热、气、水、土以及各种无机和有机元素的集合。三江源生态系统中土地广袤，矿产和水资源富集，在众多自然资源要素中水、草地、动植物等资源对于青海省、三江源地区的生态和经济社会发展具有较大影响。因此，本书以这三种要素资源为主对其生态系统进行分析。

一　水资源

三江源湖泊湿地面积超过10000平方千米，其中有80多

---

① 反映生态经济系统发展的生态、经济和社会等方面数据和内容涉及较多不同职能部门。由于职能部门相关数据受时间设置不统一、统计周期不同和公布时间差异等因素影响，使得有关数据无法实现时间节点的统一。同时，由于三江源一期工程于2005年批准实施，其工程主要效益从2007年开始显现，因此本书主要对2007年至2014年期间公布的数据进行梳理。

② Arthur George Tansley, The early history of modern plant ecology in Britain, *Journal of Ecology*, No. 35, 1947.

条河流面积在500平方千米以上，是我国重要的产流区和水源涵养源。三江源是黄河、长江和澜沧江源头汇水区，被誉为“中华水塔”。2013年11月，三江源地区年度水资源总量为619.4亿立方米，比2013年同期增长18.8%。

（一）黄河源区

黄河是我国第二大河，发源于三江源巴颜喀拉山北麓的约古宗列盆地西南隅，源头海拔4724米。黄河流经青海省内的河段长1693.8千米，平均比降约1.6‰。黄河河源段是黄河流域重要的产流区，处于流域北部，由西向东横贯河源区，其右岸支流长、水量丰，比左岸水系发育较为丰富；左岸支流短小，且多间歇河及干涸的小沟。源区流域面积为9.67万平方千米（不含省外集水面积），占青海省境内黄河流域面积的66%，河道平均比降0.64‰—3.22‰，多年平均的径流量为136.1亿立方米。

（二）长江源区

长江发源于三江源唐古拉山中段的各拉丹东雪峰。长江在青海省内干流长1206千米，落差2065米，平均比降1.78‰。另有一级支流雅砻江和二级支流大渡河，分别发源于三江源的称多、班玛县境，单独流出省境后，入四川省境内金沙江和岷江。源区河网密集，水系发育，集水面积在500平方千米以上的河流有85条，集水面积在300平方千米以上的有134条，在青海省流域面积15.98万平方千米，占全省面积的22%，多年平均径流量179.4亿立方米，占全省多年平均径流量的 28.5%。

（三）澜沧江源区

澜沧江发源于三江源唐古拉山北麓查加日玛的西南侧，由西北向东南，流经三江源杂多、囊谦两县，于打如达村以下约 4000 米处流入西藏境内，河道长 448 千米，落差 1553 米，平均比降 3.47‰。源区河网密集，水量较丰富，集水面积在 500 平方千米以上的河流有 20 条，集水面积在 300 平方千米以上的河流有 33 条。青海省内流域面积 3.7 万平方千米，占全省面积的 5.2%，多年平均径流量 108.9 亿立方米，占全省多年平均径流量的 17.3%。

二　草地资源

2003—2009 年，青海省气象局通过卫星资料和地面监测两种手段对三江源草地资源进行了持续监测。通过相关数据分析，得出了三江源地区中、高覆盖度草地面积逐年增加，而低覆盖度草地面积逐年减少的结论，其中高覆盖度草地面积较 2003—2008 年草地面积平均值增加 36131.9 平方千米，中覆盖度草地面积增加 16134 平方千米，低覆盖度草地面积减少 16885.21 平方千米。基于以上数据分析可以说明，三江源地区草地生态呈良性发展态势[①]。2010 年，三江源地区退牧还草工程实施前后对比分析，产

① 《青海日报》：《三江源区草地面积逐年增加》，www.epaper tibet3.com/ghrb/html/2009 - 12113/coutent-639127.htm/http：//www.qhepb.gov.cn/hjgl/hjxj/hjbqhdt/201001/t20100111_ 2375.html，2009 年 12 月 13 日。

量小于100千克/亩的草地面积明显减少，其中小于50千克/亩低产量等级草地面积减少6793平方千米，与退牧还草工程实施前相比减少6.85%，而大于100千克/亩中高产量等级草地面积有所增加①。2013年，三江源土地利用/土地覆盖类型（见图3.2）中，草地占区域总面积的75%，其中高覆盖草地占草地面积的52.68%，中覆盖草地占草地面积的17.49%，低覆盖草地占草地面积的29.83%。2013年，三江源区耕地面积为771.73平方千米，占区域面积的0.22%；林地面积为23533.84平方千米，占区域面积的6.59%；草地面积为262112.68平方千米，占区域面积的73.40%；水域面积为17480.15平方千米，占区域面积的4.89%；人工用地面积为246.0平方千米，占区域面积的0.07%；未利用土地面积为52976.25平方千米，占区域面积的14.83%。②

陈春阳等利用联合国千年生态系统评估的分类体系，运用直接市场法、替代工程法等进行分析，得出2000年三江源地区草地生态系统服务价值大约为562.6亿元。但是，由于其在研究控制侵蚀及储水等价值使用时采用的是直接的比例代入方法，导致在最终结论上可能存在一定的不准确性。张贺全通过对三江源试验区最近开展的土地、草地、湿地、林地、荒漠化土地等资源调查的分析，计算出三江源生态服务功能每年价值为3530.15亿元，其中草原1179.37亿元、林地247.65亿

① 新民网，《三江源地区草地面积明显增大　平均产量增产14.5公斤》，http://news.xinmin.cn/rollnews/2011/02/13/9277867.html，2011年2月13日。

② 青海省生态遥感中心：《2013年三江源区生态监测简报》，2014年6月。

元、湿地2079.65亿元、农田和其他地类23.48亿元。赖敏等对三江源不同年份草地生态系统服务价值进行对比，其结论是三江源2000年、2005年和2008年的草地生态系统价值分别为884.97亿元、1302.06亿元和1299.49亿元，其生态价值呈现不断上升趋势。据新华网报道，三江源地区退牧还草工程实施10年、生态草原奖补政策实施两年以来，三江源禁牧区植被平均增长率达到40%—50%，草原平衡区植被平均增高7.16厘米。生态环境良好和生物多样性系统完整是碳汇的基础，随着源区内植被数量、种类增多，固碳能力也在不断增强，年固碳总量达到1.5亿吨，生态价值为11万亿元①。

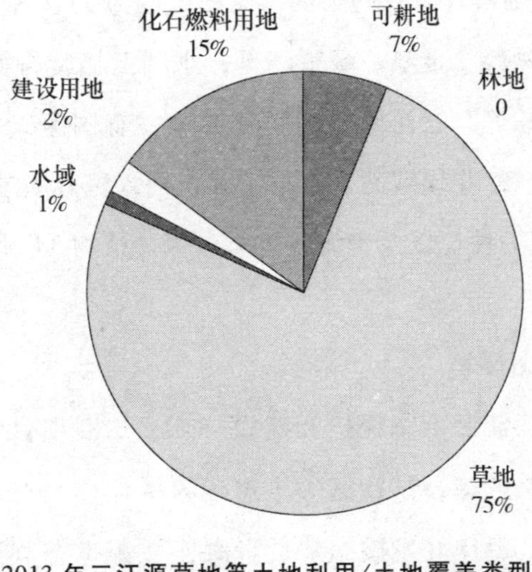

图3.2　2013年三江源草地等土地利用/土地覆盖类型面积比例

① 新华网，《三江源地区生态价值达11万亿》，http://news.xinhuanet.com/environment/2013/10/05/c_125485989.htm，2013年10月5日。

三　动植物资源

三江源地区具有典型而独特的青藏高原特色生态系统，高山深谷，河流众多，动植物资源丰富。三江源地区的长江源，由于地处“世界屋脊”而又具有丰富的生物多样性而成为亚高原高寒环境和世界高寒草原的典型代表，被誉为“高寒生物自然种质资源库”。三江源动物资源中，野生动物中有兽类85种，其中国家重点保护动物69种，包括国家一级重点保护动物野牦牛、白唇鹿、藏羚羊、雪豹等16种，二级重点保护动物岩羊、藏原羚、棕熊、猞猁、盘羊等35种；鸟类237种（含亚种为263种），分别占青海省和全国鸟类的比例为77%和19%，包括珍稀鸟类黑颈鹤、金雕、藏雪鸡等；水陆两栖爬行类48种，包括青蛙、蟾蜍等。三江源植物类资源中，有国家二级保护植物油麦吊云杉、红花绿绒蒿、虫草3种，列入国际贸易公约附录Ⅱ的兰科植物31种，以及青海省级重点保护植物34种等。

四　生态环境

伴随着三江源生态保护和建设一期、二期项目工程及三江源国家生态保护综合试验区等生态项目的实施，三江源地区生态环境总体呈现良好发展态势。青海三江源生态监测工作组利用2013年度三江源区土地利用/土地覆盖解译数据，结合土壤侵蚀、水资源、年降水量、二氧化硫（SO_2）年排放量、化学需氧量（COD）年排放量、固体废物年排放量等相关数据，依据

《生态环境状况评价技术规范（试行）》（HJ/T 192—2006），以三江源区县域为评价单元，评价三江源区的生态环境状况。2014 年 6 月的检测结果显示，2013 年度三江源区生态环境状况以“良”为主（见图 3.3），其中：15 个县域生态环境状况等级为“良”，占三江源区总面积的 88.24%；两个县域生态环境状况等级为“一般”，占三江源区总面积的 11.76%。

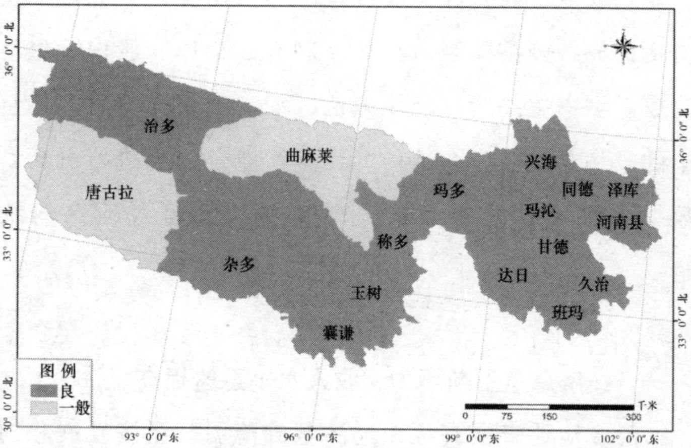

图 3.3　2013 年度三江源区生态环境状况评价图

第二节　三江源经济系统

经济系统是生产力系统和生产关系系统在一定的地理环境和社会制度下的组合。[①] 社会再生产过程中交换与分配的

① 王晋峰等：《生态经济系统及其资源利用的可持续发展探讨》，载《草原与草坪》1998 年第 3 期。

循环运动促进了生产力系统和生产关系两者相互作用，并形成了经济系统的运行与活动。经济活动与经济运行的组织方式方法、制度机制和内容体系构成了区域的经济系统。因此，任何一个地区的经济系统都是社会再生产过程中的生产、交换、分配和消费等环节构成的统一体。经济系统的结构由经济部门、经济环节和经济体制构成，其中：经济部门由工业、农业、商贸等构成；经济环节由生产、分配、交换和消费构成；经济体制由个体、国有、集体、股份等经济成分构成。本书主要针对三江源地区的现实情况，对其经济系统中的经济总量、产业结构、优势产业等内容进行分析。以下数据来源于青海省2007—2014年三江源各地区的统计公报。

一　经济总量不断增加，收入水平迅速提高

三江源地处青藏高原，经济基础薄弱，经济发展相对迟缓。随着2005年三江源生态保护和建设一期工程的实施，三江源地区的经济发展才有了较大的进步。2007—2014年，三江源地区的"四州"经济发展速度和总量均呈现较快增长和增加的局面。其中：经济基础较弱的果洛州，GDP从2007年的10.12亿元增长到2014年的34.07亿元，增长了23.95亿元，增长了3.36倍；经济基础较强的海南州，GDP从2007年的40.87亿元增长到2014年的130.72亿元，增长了89.85亿元，年均增速保持在10%以上。玉树州和黄南州经济总量均

呈现出较快增长的态势。过去 8 年中，三江源地区的 GDP 始终保持在两位数的增长率，呈现出规模、数量和速度较大幅提升的发展趋势。表 3.1 所示为 2007—2014 年三江源“四州”的 GDP 增长变化情况。

另外，在过去 8 年中，伴随着各类生态保护与建设项目的实施，三江源地区人民收入水平呈现显著增长态势。从表 3.2 中可以看出，从 2007 年到 2014 年三江源“四州”居民可支配收入中，玉树州增长 95.5%，果洛州增长 94.3%，海南州、黄南州增长达到了 105.1%，“四州”均接近甚至超过了翻番增长目标。从 2007 年到 2014 年三江源“四州”农牧民纯收入中，玉树州增长 99.8%，果洛州增长 97.2%，海南州增长 145.1%，黄南州增长达到了 128.1%。三江源“四州”农牧民纯收入增幅程度比城镇居民收入还要高，基本实现了翻番的增长目标。

表 3.1　　2007—2014 年三江源地区 GDP 变化情况　　单位：亿元

年份 地区	2007	2008	2009	2010	2011	2012	2013	2014
玉树州	17.83	24.52	25.48	31.86	40.20	47.17	54.68	56.49
果洛州	10.12	12.66	15.05	20.43	26.15	30.55	32.08	34.07
海南州	40.87	51.60	57.81	68.89	82.65	104.35	117.12	130.72
黄南州	27.99	33.94	34.60	43.68	48.40	58.11	66.47	68.83

资料来源：三江源各地区《经济和社会发展统计公报》(2007—2014 年)

表 3.2　2007 年、2010 年、2014 年三江源城乡居民收入情况　单位：元

年份	2007		2010		2014	
地区	城镇居民人均可支配收入	农牧民人均纯收入	城镇居民人均可支配收入	农牧民人均纯收入	城镇居民人均可支配收入	农牧民人均纯收入
玉树州	10822.53	2047.61	16305.90	3663.00	21160.00	4090.21
果洛州	10085.01	2161.51	13759.80	2629.41	19595.63	4261.22
海南州	9099.33	2904.37	12254.52	4490.36	18657.00	7120.00
黄南州	10103.00	2187.92	14602.94	3031.67	20717.68	4991.40

资料来源：三江源各地区《经济和社会发展统计公报》（2007—2014 年）

二　固定资产投资强劲增长

由于三江源地区经济社会发展迟缓，基础设施建设薄弱，随着西部大开发和民族地区发展相关政策的落实，国家不断增加对三江源地区固定资产投资，成为带动地区经济发展的重要力量。特别是 2010 年玉树地震后，国家重点加大了对玉树等三江源地区的基础设施建设，固定资产投资总量增长快速，在过去 8 年中年均增长高于 20%。果洛州、海南州、黄南州的固定资产投资保持持续、快速增长，而玉树州在 2013 年基本完成玉树重建任务后固定资产投资出现较大的下降，但是总量仍然较大。三江源地区固定资产投资重点主要针对城镇设施、危房改造、移民配套设施和定点建设、网围栏、公路交通、学校校舍以及新农村建设等方面进行了较为广泛的投资建设，极大地推动了三江源经济社会的快速发展，并成为地区经济社会发展的重要动力源泉。具体情况见表 3.3。

表 3.3　2007—2014 年三江源地区固定资产投资变化情况　单位：亿元

年份 地区	2007	2008	2009	2010	2011	2012	2013	2014
玉树州	10.58	14.02	16.98	48.03	165.59	170.84	92.86	40.12
果洛州	6.46	7.50	10.88	16.59	24.61	38.24	50.89	58.41
海南州	43.39	56.67	63.63	69.17	83.63	108.58	139.75	185.50
黄南州	13.11	15.28	18.00	22.53	31.9	42.38	53.72	64.72

资料来源：三江源各地区《经济和社会发展统计公报》（2007—2014 年）

三　畜牧业特色明显

随着三江源生态移民、围栏禁牧、以草定畜等生态保护与建设项目的深入广泛实施，地区牲畜数量因生态保护而大幅减少，这也导致了三江源地区基础畜牧业规模的萎缩。

但是，由于三江源地区拥有高原优质草地、水源和无污染的生态环境，为三江源地区发展高原特色农牧业提供了重要绿色保障，提升了地区畜牧产品的市场核心竞争力。优质的生态资源为打造三江源有机农牧产品品牌，拓展国内外市场，推动地区农业发展均起到重要的基础作用。因此，三江源在农牧产品数量减少的同时却增加了质量，农牧业仍然实现了健康、快速发展。2007 年 8 月初，中绿华夏有机食品认证中心为黄南藏族自治州河南蒙古族自治县的 3 万多牧民颁发了有机牛羊产品、贸易、基地三个“通行证”。平均海拔在 3600 米以上的河南县，拥有发展高原生态畜牧业的良好生态环境，被国家确定为三江源地区第一个高原生态畜牧业发展基地。因此，当地牛羊肉的价格比普通牛羊肉提高20%—30%，实现了在养殖规模缩小的情况下农牧民仍然增收的目标，这对快速帮助牧民群众脱贫致富是一个最有效、最快速的途径。三江源地区畜牧业发展情况见表3.4。

表3.4 2007—2014年三江源地区农（畜）牧业产值变化情况 单位：亿元

年份 地区	2007	2008	2009	2010	2011	2012	2013	2014
玉树州	14.98	14.84	18.97	18.25	20.72	23.83	26.83	29.78
果洛州	4.43	4.46	4.02	5.20	5.76	6.19	6.69	7.19
海南州	18.92	19.31	23.56	25.55	27.69	30.01	33.47	38.79
黄南州	16.41	17.88	19.69	22.38	24.10	27.86	29.11	32.57

资料来源：三江源各地区《经济和社会发展统计公报》（2007—2014年）

第三节 三江源社会系统

生态经济系统中生态系统与经济系统的耦合，需要依靠社会系统中的人、技术、管理等载体和要素的嵌入，以促进生态经济系统中经济、社会和生态子系统相互协调、和谐运行。生态经济系统的三个子系统，在系统运行和发展过程中所发挥的作用和扮演的角色均有所不同，其中社会子系统中人是最为活跃和能动性最强的要素，且人始终是生态经济系统可持续发展的主体和关键。人的行为方式、认识水平和创新能力均直接和间接影响着生态经济系统运行。因此，本书将从人口、就业和政策等方面对三江源社会系统展开分析。以下数据来源于2007—2014年三江源“四州”的统计公报和全国第六次人口普查数据。

一　人口民族多元，受教育程度较低

三江源行政地区主要涉及四个藏族自治区，民族结构主要为藏族、蒙古族、回族、土族和汉族等。由于各地区人口、民族和受教育情况等信息存在统计时间节点不一致和不完整等情况，因此本研究对此内容的数据使用全国第六次人口普查数据。表3.5清晰地反映出三江源地区人口民族结构情况：藏族占比79.54%，回族占比3.93%，土族占比1.17%，而汉族占比是11.83%。三江源地区主要人口民族结构中主要民族是藏族，其次是汉族、回族和土族，其他较小民族如蒙古族、撒拉族等由于人口数量过小，因此不在本研究中标注和分析。全国第六次人口普查结果显示，三江源地区“四州”受教育程度总体较低（见表3.6），获得大专以上学历的总人口为59741人，仅占三江源地区人口总数的4.8%，受过良好高等教育的人口基数很少，这也导致了三江源生态保护、经济和社会发展所需要的人才严重匮乏。获得高中学历的有58373人，占4.6%，获得小学学历的有5016人，占43.7%，这两个群体占比达到人口总数的48.3%，意味着更多的民众小学毕业后便放弃了高中学习，也表明了三江源地区人口基本文化素质较低的现实局面。更为严重 的是，三江源文盲人数达到了223743人，占17.8%，此情况与三江源地区牧民的生产生活方式、经济水平和宗教信仰等因素影响密切相关。通过以上数据分析，我们可以清晰地判断出，三江源地区人口民族呈现多元化，且人口受教育程度总体较低，人口素质整体不高。

表3.5　全国六普人口三江源地区民族结构情况　单位：万人，%

	总人口数	藏族	占比	汉族	占比	回族	占比	土族	占比
玉树州	37.84	36.52	96.40	1.169	3.09	0.0827	0.22	0.0281	0.07
果洛州	18.17	16.69	91.86	1.194	6.57	0.1739	0.96	0.0429	0.24
海南州	44.17	29.29	66.31	10.97	24.84	3.0203	6.84	0.3991	0.90
黄南州	25.67	17.598	68.55	1.562	6.08	1.674	6.52	1.0027	3.91
合计	125.85	100.10	79.54	14.891	11.83	4.951	3.93	1.473	1.17

资料来源：全国第六次人口普查

表3.6　全国六普三江源地区人口受教育情况　单位：人，%

	大专以上	占比	高中	占比	初中	占比	小学	占比	文盲	占比
玉树州	12520	3.3	10259	2.7	27456	7.3	152970	40.4	67534	17.8
果洛州	10354	5.5	6124	3.4	18721	10.3	88437	48.7	21697	11.9
海南州	22526	5.1	27824	6.3	69350	15.7	195070	44.2	77092	17.5
黄南州	14341	5.6	14166	5.5	25137	9.8	113687	44.3	57420	22.4
合计	59741	4.8	58373	4.6	140664	11.2	550164	43.7	223743	17.8

资料来源：全国第六次人口普查

二　多宗教并存，民族文化浓厚

青海高原自古至今就是一个多民族聚居地区，呈现出多民族、多宗教并存的格局。从民族上看，既有土著民族又有外来民族，既有游牧民族又有农耕民族；从宗教上看，既有藏传佛教，又有伊斯兰教和萨满教，构成了多民族和谐、多宗教交流的发展局面。据全国第六次人口普查数据，青海省藏、回、土、撒拉、蒙古和其他少数民族共计110.9597万人，占全省总人口的46.9%，而三江源地区藏、回、土、蒙古少数民族占地区总人口数的88.2%。三江源地区民族绝大多数或基本上全民信仰某种宗教。目前，三江源“四州”主要信奉藏传佛教、伊斯兰教。其中：信仰藏传佛教信徒有100.09万人，占79.5%；信仰伊斯兰教的信徒有4.951万人，占3.9%。在长期的历史发展进程中，三江源地区聚集了藏族、汉族、回族、土族、蒙古族等多个民族。各个民族之间通过文化和宗教的相互交流与渗透，形成了民族间相互学习、相互借鉴、相互会通的发展局面，在上千年的发展中此兴彼替、此消彼长，构画出互动、交融的历史画卷。在不同文化和宗教的发展历程中也逐渐形成了三江源特有的儒道文化、佛教文化、伊斯兰文化、草原萨满文化体系，熔铸出一个多样统一、和而不同、和谐共存的青海三江源民族文化格局。

第四节　三江源生态经济系统运行分析

本书围绕三江源生态经济系统各子系统运行和发展情况，从2007年到2014年对地区相关数据进行分析，以辨析三江源生态经济系统运行中生态与经济系统、经济与社会系统及生态与社会系统相互影响和相互作用的状况。

一　经济系统与生态系统运行分析

（一）生态保护与经济发展矛盾突出

三江源是我国甚至是青海省经济欠发达地区。在2000年国家开始实施西部大开发战略，特别是，随着三江源生态保护与建设一期、二期工程的实施，地区经济有了较大进步。但是，与青海省、全国其他省份经济发展相比，差距仍然较大。本书对三江源“四州”具体区情的相关指标均值进行了计算，得出地区GDP等经济指标数据。表3.7、表3.8是2007年、2010年和2014年三个时间节点上，三江源地区与全国、东部、中部、西部和青海省在GDP、城乡居民收入水平等方面的比较。过去8年中，纵向比较，三江源地区经济发展始终呈现不断增长的局面，且增幅程度较大，但与全国其他地区相比在2014年出现大幅下降，此现象的发生主要是受玉树州重建等基础设施建设的完成后，致使GDP增速减缓的影响。横向比较，三江源地区与全国、东中部甚至青海省的差距巨大，8

年中这种差距不仅没有缩小，反而不断拉大。2007 年、2010 年和 2014 年三江源 GDP 总量与全国的差距从 246522 亿元、397817 亿元增长到 636172 亿元，甚至与青海省的差距也从 664.5 亿元、1185 亿元增长到 1811 亿元。同时，2007 年、2010 年和 2014 年三江源地区城镇居民可支配收入与全国的差距从 6032 元、7900 元增长到 6825 元，农民人均纯收入与全国的差距从 1815 元、2466 元增长到 4697 元。其中，城镇居民可支配收入总体呈现差距不断拉大的局面，而农村人均纯收入的差距更为显著。根据全国第六次人口普查数据，三江源地区平均城镇化率仅为 27.74%。这意味着，该地区超过七成是农牧民群体，也就是说，三江源大多数民众即农牧民经济收入偏低，且与全国甚至青海省的差距在不断拉大。改革开放 30 余年中，在我国经济社会快速发展的背景下，三江源地区经济发展滞后，使得民众对经济发展、物质水平提升诉求不断增强。这也给地方政府和领导干部带来巨大压力。三江源生态系统资源富集，但是由于三江源生态系统是我国乃至亚洲重要的生态屏障，国家和青海省出于对其生态系统进行保护的考虑，将其区域 100% 划定为禁止开发区和限制开发区。特别是 2012 年，三江源国家生态保护试验区建立，更是严格限制经济发展中对三江源资源的利用。此举，在加强三江源生态系统保护的同时，也加大了对经济发展的约束，使其陷入生态环境保护与经济发展的矛盾中。

表 3.7　2007 年、2010 年、2014 年三江源 GDP 与全国及其他地区比较

单位：亿元，%

年份	2007		2010		2014	
指标	GDP	增长率	GDP	增长率	GDP	增长率
全国	246619	11.4	397983	10.3	636463	7.4
江苏	25560.1	14.8	40903.3	12.6	65088.3	8.7
河南	15058.07	14.4	22942.68	12.2	34939.38	8.9
甘肃	1928.14	11.7	4119.46	11.7	6835.27	8.9
青海	760.96	12.5	1350.43	15.3	2101.05	10.8
三江源	96.5	12.2	165.86	17.0	290.11	5.55

资料来源：《中国经济和社会发展统计公报》以及各地区《经济和社会发展统计公报》

表 3.8　2007 年、2010 年、2014 年三江源城镇居民可支配收入、农村人均纯收入与全国及四省区比较

单位：元，%

年份	2007				2010				2014			
指标	城镇居民可支配收入	增长率	农村居民人均纯收入	增长率	城镇居民可支配收入	增长率	农村居民人均纯收入	增长率	城镇居民可支配收入	增长率	农村居民人均纯收入	增长率
全国	13786	12.2	4140	9.5	19109	7.8	5919	10.9	28844	9.0	10489	11.2
江苏	12319	15.2	5276	11	22944	11.6	9118	13.9	34346	8.7	14958	10.6
河南	11477	11.0	3851	12.2	15930	7.2	5523	11.0	15695	10.5	9416	11.1
甘肃	80867	9.6	1980	6.9	13188	10.6	3424	14.9	20804	9.7	5736	12.3
青海	10276	14.2	2684	13.8	13855	9.2	3863	15.4	19498	11.0	6196	15.5
三江源	7754	13.9	2325	9.61	11209	14.3	3453	24.4	22049	10.0	5792	16.8

资料来源：《中国统计年鉴》（2000—2012 年）

（二）产业结构欠合理，工业占比较大

三江源地区生态战略地位极其重要，特别是青海省主体功能区划分中，三江源地区均在禁止开发区和限制开发区范围内。因此，在推进地区经济发展过程中，产业结构的合理设计和布局对三江源生态、经济与社会的和谐发展极为重要。

随着三江源生态保护和建设项目的深入开展，三江源地区依托优势资源，实施资源优势转换经济优势发展战略，大力发展高原特色经济，努力推进传统产业结构的优化升级。通过表3.9对三江源地区2007—2014年的纵向比较可以看出，三江源“四州”产业结构不断优化，主要表现为：各地区一产呈下降趋势，二产总体呈增长趋势，三产总体呈现下降趋势。但是，通过表3.10的横向比较，我们可以看到，与全国、中东部地区和青海省产业结构发展相比，三江源地区产业结构仍然呈现出一产占比较大、二产快速发展、三产发展迟缓的局面。其中，特别是第二产业的快速发展让人担忧。在过去的8年中，除了黄南州的第二产业呈现下降趋势外，玉树州、果洛州、海南州的第二产业均持续快速增长。2014年，三江源地区的“四州”工业增加值共计完成65.66亿元，平均增长6.0%。其中，海南州增长16.2%，玉树州增长10%，黄南州增长0.98%，只有果洛州出现负增长，为－3.05%。目前，总体而言，工业已经成为三江源地区经济发展的主要力量，而且较为严重的是工业中重工业发展速度更快，占比更大。例如，2014 年海南州实现工业增加值 41.78 亿元，比上年增长 16.2%。轻工业增加值增长 5.9%，重工业增加值增长 15.4%，规模以上企业中，采矿业增加值增长 6.1%。第一、第二、第三产业对生产总值的贡献率分别是 12.1%、60.7%、27.2%。通过以上数据可以看出，目前三江源经济发展的主要支撑产业仍然是工业，且以重工业为主要力量。

三江源地区的生态环境极其重要，作为国家生态安全的重要战略区，国家针对生态保护和建设在资金与政策等方面给予了很大支持。但是，面对经济发展迟缓，且与全国甚至青海省的差距不断拉大的情况，三江源地区地方各级政府仍然承受着巨大的经济发展压力。这种压力转化在行为上，就是不断加大工业发展。然而，以工业发展为主导的局面将会对生态系统带来潜在和未知的各种威胁，最终将造成经济发展的“短视”行为与恶劣结果。

表 3.9　2007 年、2010 年、2014 年三江源地区三次产业结构变化

年份 地区	2007	2010	2014
玉树州	60.7 : 16.2 : 23.1	56.4 : 22.9 : 20.7	46 : 36 : 18
果洛州	32.48 : 20.43 : 47.09	21.5 : 41.7 : 36.8	17.82 : 44.97 : 37.21
海南州	30 : 40 : 30	27 : 44 : 29	24 : 50 : 26
黄南州	26.7 : 40.5 : 32.8	29.3 : 40.4 : 30.3	29.19 : 36.05 : 34.76

资料来源：2007 年、2010 年、2014 年三江源各地区《经济和社会发展统计公报》

表 3.10　　2014 年全国及青海等省三次产业结构

地区	2014 年
全国	9.2 : 42.6 : 48.2
江苏	6.1 : 49.2 : 44.7
河南	11.9 : 51.2 : 36.9
甘肃	13.2 : 42.8 : 44.0
青海	9.4 : 53.5 : 37.1

资料来源：2014 年各地区《经济和社会发展统计公报》

（三）生态系统承载过重，生态经济系统失衡

在技术、资本、人力等资源严重匮乏的局面下，三江源地区在推动经济发展，挖掘潜在能力中，只能遵循“资源禀赋”原则，而富集的资源就是生态系统中的各种自然资源，如矿产、草地、高原动植物等。特别是在改革开放初期，受到全国、青海省经济“又快又好”的发展理念影响，以及本地经济发展严重滞后的现实区情，在推进经济发展过程中忽视了对生态系统的保护与建设，导致各类经济活动超越了生态系统承载能力，进而使得三江源地区生态环境受到一定破坏，本书以青海天然草地为例说明。青海高原是我国五大牧区之一，天然草地有 3644 万公顷，占青海省国土面积的 50.5%，占全国草地面积的 9.25%。但是，2000—2012 年间，由于载畜量严重超过草地承载能力，导致天然草地不断退化。三江源作为青海省天然草地草场的重要地区，其天然草地系统变化情况与青海省几近一致。通过图 3.4、表 3.11 可以清楚地看出，青海省

过去的13年中草地面积呈现萎缩发展趋势。2010年，三江源地区的达日县、共和县、曲麻莱县和泽库县等地，由于草原载畜量严重超过草地承载能力导致了草地退化，黑土滩甚至沙化严重，进而又不断加速了地区草场质量的下降。草场质量低了，载畜量小了，经济收入减少，又再次陷入贫困。如此便陷入了“恶性循环”，而这个“恶性循环”的根源仍然是生态环境的破坏。

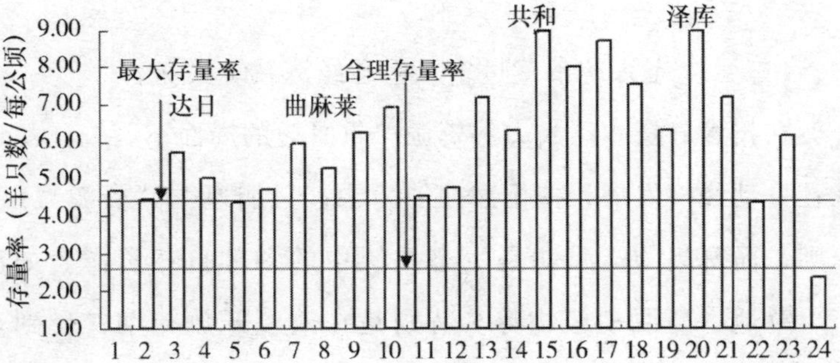

图 3.4　三江源地区草地退化情况

资料来源：孙鸿烈：《青海草地生态畜牧业可持续发展》，青海绿色发展高峰论坛，2010年9月11日。

表 3.11　　2000—2012 **年青海草地退化情况**　　单位：亩

年份	天然草地	变化量
2000	602564807.7	0
2001	602458700.2	-106107.5
2002	601979042.8	-479657.4
2003	600786203.2	-1192839.6

续表

年份	天然草地	变化量
2004	600252907.4	-533301.8
2005	599984720.3	-268187.1
2006	599948585.8	-36134.5
2007	599768704.4	-179881.4
2008	599574100.6	-194603.8
2009	599379496.8	-203574.6
2010	599148148.2	-231348.6
2011	547000000.0	-52148148.2
2012	547000000.0	0

资料来源：《青海省统计公报》（2000—2012年）

基于2007—2014年三江源生态系统与经济系统发展情况的数据分析，可以归纳总结出三江源生态系统与经济系统运行关系：

（1）自三江源生态保护与建设工程实施以来，以项目为主要载体，对地区生态系统建设投入大量资金，经过多年的建设生态系统发展总体已取得较为明显的改善。但是，由于三江源经济发展主要依赖生态系统的自然资源，因此各项生态保护的政策和制度出台后，在很大程度上限制了三江源的经济发展。此时，三江源生态保护与经济发展矛盾凸显。

（2）相关数据显示，过去的8年中，三江源地区经济系统发展主要依靠第二产业的支撑作用并呈现不断快速增长的态势，导致了该地区产业结构不尽合理，甚至有些地区如海南州重工业占比较大，这给三江源生态系统产业保护与建设带来了较大的负面影响。

(3) 三江源地区经济发展方式导致生态系统承载过重。由于经济发展过程中对经济发展方式选择不当，对于生态保护意识还不够强烈，导致经济发展超越了生态系统承载能力，三江源地区出现了生态系统与经济系统两者间的失衡与不和谐发展局面。

二 社会系统与经济系统运行分析

(一) 新政策推动生态经济发展

从 2005 年后，特别是在中共十八大将生态文明建设纳入“五位一体”战略，中共十八届三中全会提出加快生态文明制度建设等会议精神的贯彻，三江源生态环境保护与建设受到了更为广泛的关注，特别是随着三江源生态保护与建设工程一期的结束，二期的启动，不断加大了对生态环境建设的投资，启动了天然林保护工程，突出了“退耕还林（草）、封山育林(草)、以粮代赈、个体承包”等具体政策和措施，加强防沙治沙，污水、污染治理等工程建设，三江源地区主要以项目为载体，围绕生态资源优势，实现生态经济化和经济生态化发展，取得了一定成效。2010 年，青海省先行先试开展生态补偿试点工作，印发了《关于探索建立三江源生态补偿机制的若干意见》和《三江源生态补偿机制试行办法》，确定了 11 项生态补偿政策，先后启动实施了农牧民技能培训和转移就业补偿、草畜平衡等，下发补偿资金 22.47 亿元。

玉树州积极促进生态优化转化为经济优势，在合理承载力范围内加大规模养殖力度。目前，实施了“双百工程”，即培育 100 个家庭农牧场和 100 个经营大户，以促进规模效益增长，并充分发挥带动和辐射作用。同时，积极申报青海省“568”生态畜牧业建设工程项目，提供积极的发展环境，紧密结合本地资源优势，统筹开展了良种繁育基地建设、牦牛藏羊高效养殖技术推广应用、畜群结构优化等生态畜牧业发展等基础性工作。

果洛州坚持生态保护与经济发展并重理念，注重将草原生态奖补机制与生态畜牧业发展相结合，以促进生态畜牧业生产方式的转变。通过生态奖补机制的调节与控制作用，确保减畜不减收，禁牧不禁养，实现地区资源的优化配置，促进草畜平衡发展，推动草原畜牧业实现“三个转变”，即由粗放型向质量效益型转变，由重畜轻草向草畜并重、建设养畜转变，由局部开拓小市场向拓展州内外大市场转变。目前，果洛州落实禁牧面积 5671 万亩，实施草畜平衡面积 3712 万亩，核减超载牲畜 68.06 万只羊单位，落实牧草良种补贴 18.5 万亩，种植一年生牧草 40.5 万亩，多年生牧草 14 万亩，聘用草原管护员 1877 人，设立禁牧和基本草原划定标识牌 88 块。

黄南州加快推进文化旅游业和高原生态畜牧业发展，热贡、后弘两个文化园区建设步伐加快。筹措 4000 万元设立了文化发展基金，全州文化产业经营户达到4714家，从业人员达1.67万人，实现经营收入3.1亿元，增长30%。2014年，接待国内外游客242万人次，实现旅游总收入5.79亿元，分别增长21%和48.8%。特色农牧业成效显著。投资5.85亿元实施各类农牧业建设项目39项，新建日光节能温室100栋、畜用暖棚4740栋，建成牛羊、家禽、生猪规模养殖场26个。黄河库区水产养殖网箱达到242个、1.56万平方米，年产值超过2000万元。高原生态畜牧业示范区建设稳步推进，河南县高原生态畜牧业科技园新入驻企业两家，“阿米雪”有机牦牛酸奶荣获第六届中国国际有机食品博览会金奖；泽库县有机草产业科技示范园正式启动实施。

海南州“三农”工作也保持良好发展态势，取得不错成效。近些年，农业增加值年均增长6.7%，连续领跑全国。目前，已经初步建成300万亩冬季瓜菜生产基地、20万亩南繁基地，新增11.8万亩常年蔬菜基地和一批种养殖基地。瓜果菜、生猪、家禽出岛量2014年分别达590万吨、220万头和3950万只。海南州还充分利用丰富的水资源开展深海网箱养殖罗非鱼等冷水鱼，形成了亚洲规模最大、全国出口量最大的水养殖基地。新增国家级和省级农业龙头企业181家、农民专业合作社7677家。①

① 以上数据来源于玉树州、果洛州、黄南州和海南州《政府工作报告》。

（二）城乡居民收入稳步提高

随着区域经济的发展，三江源地区城镇居民和农牧民生活水平、质量有了较大的提高。表 3.12、表 3.13 列举了三江源地区“四州”城镇居民人均可支配收入和农牧民人均纯收入的变化情况。2007—2014 年间，三江源地区的城镇居民人均可支配收入与全国、青海省相比，虽然总量上较少，但是近些年增幅程度显著，其中玉树州增长了 115.7%，果洛州增长了 114.5%，海南州增长了 148.8%，黄南州增长了 103.5%，实现了跨越式发展。能取得如此成效主要得益于国家、青海省为保护三江源生态系统而采取的多层次、多内容和多体系的政策与制度支持，为地区经济发展创造了机会，更为培育与发展生态经济提供了“倒逼机制”，极大地激发了当地民众和干部发展经济的信心。经过 8 年的努力，在取得生态效益的同时也取得了较好的经济社会效益。随着三江源地区经济系统的快速发展，经济外溢效益通过传导机制传递到社会各个层面，不断提高了城乡居民收入水平，实现了地区人民生活质量显著提高，也推动了社会系统的发展，实现了经济系统与社会系统的“双赢”。2010 年，青海省政府设立了生态移民创业扶持资金，安排项目 16 个，人均年收入增加 5000 元。[①]

① 刘鹏：《青海省实施三江源生态保护和建设：绿了三江源》，载《光明日报》2015 年 7 月 21 日。

表 3.12　2007—2014 年三江源地区城镇居民人均可支配收入情况　单位：元

地区＼年份	2007	2008	2009	2010	2011	2012	2013	2014
玉树州	10822	12015	13031	16305	17427	18893	21160	23347
果洛州	10085	11093	12273	13759	15299	17405	19595	21637
海南州	9099	10431	11456	12554	14652	16557	18657	22645
黄南州	10103	11761	13270	14602	16574	18642	20717	20568

资料来源：2007—2014 年三江源各地区《经济和社会发展统计公报》

表 3.13　2007—2014 年三江源地区农牧民人均纯收入情况　单位：元

地区＼年份	2007	2008	2009	2010	2011	2012	2013	2014
玉树州	2047	2176	2335	3663	2657	3493	4090	4638
果洛州	2161	2291	2429	2629	2963	3704	4261	4827
海南州	2904	3216	3822	4490	5237	6128	7120	5654
黄南州	2187	2369	2633	3031	3649	4298	4991	8050

资料来源：2007—2014 年三江源各地区《经济和社会发展统计公报》

（三）多措并举拓展就业渠道

2013 年，玉树州大力开展各类职业介绍和就业援助，及时落实社保补贴、公益性岗位安置、行政性收费减免等各项就业帮扶举措。截至 2015 年 9 月，完成城镇新增就业 5867 人；各类下岗失业人员就业 874 人；劳动力转移就业实现 44000 人次，失业率控制在 3.5% 以内；为具备创业条件的各类失业人员落实小额担保贷款，累计发放374笔，发放金额达1602万元。

2014年，果洛州把生态畜牧业与解决富余劳动力就业问题相结合，积极拓宽就业渠道，取得较好成效。通过生态畜牧业合作社与专业合作社、龙头企业与中小企业、种植养殖基地与家庭牧场等主体的培育与发展，带动地区劳动力更多地参与到牛羊规模养殖、农畜产品与民族工艺品的加工、物流等行业发展，很好地解决了当地民众的就业问题，增加了农牧民工资性收入。同时，根据地区产业发展积极开展多形式、多渠道的专业技能培训，使其更好地适应企业和产业发展的素质要求。目前，全州在完成175个纯牧业行政村生态畜牧业合作经济组织组建任务基础上，整合各类资金4000多万元的14个乡镇实施的1个种植、16个养殖基地。

2013年，黄南州投入培训资金381万元，举办各类培训班38期，培训1850人次，截至目前，共举办各类技能培训班28期，培训1400人次。同时，以转移就业作为当前就业的主渠道，按照“先培训、后输出”的原则，积极开拓省内外就业市场，充分发挥劳务输出工作站作用，全县9个乡镇、1个办事处和5个社区建立了15个乡镇劳务输出工作站，形成县、乡二级联动、高效快捷的组织网络，从就业信息发布、办理输出手续、开展职业介绍等方面积极为农牧民提供服务。截至5月底，全县输出城乡劳动力7840人次，实现劳务收入3474.98万元，其中，跨省转移就业1204人次，省内转移就业4208人次，地区内转移就业 2428 人次。黄南州全州农牧民专业合作组织达到 210 家，注册资金累计 6967 万元，入社农牧民 1.63 万户、7.35 万人，有效带动了农牧民增收。

2012 年，海南州完善机制，着力提升培训能力，强化措施，着力提高培训的实用性。全年共免费培训农牧区劳动力 4078 人，完成 2660 人的 153%。农牧区劳动力转移就业 70675 人次，完成 53000 人次的 133%，其中：跨省转移就业 7754 人次，完成 6800 人次的 114%，省内跨区转移就业 21510 人次，地区内转移就业 41411 人次；劳务收入 3 亿元，完成当年 2.5 亿元目标的 120%。

基于 2007—2014 年三江源社会系统与经济系统发展情况的数据分析，可以归纳总结出三江源社会系统与经济系统运行关系：

1. 社会政策调整促进生态经济快速发展

2005 年和 2013 年实施的两期三江源生态保护与建设项目工程、三江源国家生态保护试验区方案的落实以及青海生态文明先行区、循环经济先行区建设等战略的制定与实施，极大地促进了三江源地区经济发展方式转变，生态经济快速培育和发展起来。

2. 就业渠道不断拓宽，人民收入水平不断提高

由于社会系统中的政策、资金等方面的支持，过去的 8 年中三江源地区的生态经济发展迅速，在取得良好经济效益、生态效益的同时也促进了农牧民的就业和收入水平的提高。

三江源地区相关数据显示，过去的8年中，在社会系统中政策、制度和资金等要素的支持下，其经济系统发展较快，特别是围绕三江源高原特色的动植物资源，积极推进了生态畜牧业快速发展，为促进生态系统与经济良好耦合与协调发展奠定了坚实的基础。

三　社会系统与生态系统运行分析

（一）宗教信仰促进生态保护

在前文中已对三江源地区民族结构和民族人口等内容进行了介绍，其中藏族、蒙古族多是藏传佛教的信徒，回族、撒拉族等信仰伊斯兰教义。藏传佛教始终秉承大乘佛教的精神理念，既有与环境保护相关的伦理观念，又有道德实践。佛教始终反对杀生，认为无论哪种动物都是有情众生的一个组成部分，其生命应受到尊重而不能杀戮。特别是，人类没有主宰和随意杀害动物的权力。佛教不仅反对杀生还主张放生，强调人应该保护动物。穆斯林最崇尚的颜色是绿色，绿色也代表着穆斯林。伊斯兰的绿色象征，蕴含着和平、公正、生命、健康和繁茂等含义，提醒着穆斯林民众要珍爱生命，珍惜自然，保护环境。将生态保护和爱护动物作为人类天职和义不容辞的责任。无论是藏传佛教不杀生伦理还是伊斯兰教绿色内涵，都向世人传递出人要与生态环境保持和谐、共生的关系理念。这些理念直接或间接影响着三江源信徒的生产生活行为，对处理好人与自然、经济与生态等关系具有不可估量的作用。

（二）人口增长加大生态系统压力

以2009年为基数，三江源人口数为121.219万，其中农牧民人口达到96.62万。按照人口实际自然增长率、《青海藏区国民经济和社会发展规划》以及《青海省国民经济和社会发展第十二个五年规划纲要》所要求的人口自然增长率18.08‰、10‰、8.8‰的不同要求，可以准确测算出三江源地区到2020年的人口数[①]，见表3.14。根据不同的人口自然增长率测算，在2020年内三江源农牧民将增加21.04万人、11.83万人和10.40万人。目前，三江源地区农牧民人口合理承载能力是：畜牧业可承载49.54万人，农耕地可承载18.81万人，林地可承载0.91万人，共计可承载69.26万人。以此为标准，可计算出2009年三江源地区农牧民人口已经超载27.33万人。如果加上黄河谷地土地整理可增加承载4.61万人，产业发展可吸纳7.6万人，以及草原生态保护补助奖励可对11.98万—21.11万人提供生活保障，则三江源地区总计可承载93.25万—102.38万人。然而，2014年三江源“四州”人口数已经达到132.4433万，进一步加大了生态系统负担。

① 张贺全：《青海省三江源生态保护和建设工程规划研究》，青海人民出版社2012年版。

表 3.14　　三江源人口增长测算　　单位：人，‰

年份 增长率	2009	2015	2020
18.08	1212190	1349777	1476290
10	1212190	1294427	1360456
8.8	1212190	1285236	1342790

资料来源：2007—2014 年三江源各地区《经济和社会发展统计公报》；《青海省三江源生态保护和建设工程规划研究》

（三）体制机制加强生态保护

2000 年 5 月青海三江源自然保护区成立，2003 年晋升为国家级自然保护区。2005 年、2013 年国务院批准《青海三江源自然保护区和建设总体规划》一期和二期工程以及 2011 年国务院批准的《总体方案》和《青海省生态文明先行区建设行动方案》等政策的出台，促进了生态保护相关机制的制定与实施。围绕生态保护与建设、生态经济的形成与促进、生态文化的培育与发展，青海省先后出台了生态补偿机制、生态政绩考核机制、草原检测监理机制、生态管护公益岗位机制等，从多角度、多层次构建起促进生态保护体系。2014 年，青海省委省政府出台了《关于建立探索三江源生态补偿机制的若干意见》，通过探索建立生态补偿机制，对地方政府和农牧民群众在某些方面因生态保护增加的成本，以及舍弃发展机会造成的损失给予合理的经济补偿，将生态补偿与激励约束有机结合，激发和调动农牧民自主创业的积极性，引导和鼓励各级政府及广大农牧民积极参与生态保护与建设，转变发展方式，培育和提升自我发展能力，促进人与自然和谐相处、各民族团结进步、经济社会可持续发展。2016 年，青海省在以往生态保护建设工作的基础上，在全国率先制定出台了《三江源国家公园体制试点方案》，这是继启动实施三江源生态保护区建设一、二期工程以来，青海又一项生态文明建设重大举措上升为国家战略，青海省成为我国第一个探索国家公园全新体制的试点。特别是，中共十八届三中全会提出加快生态文明制度建设，完善自然资源资产产权制度、自然资源有偿使用制度等实现对生态系统中各类资源的生态价值的尊重和保护，并形成了三江源地区内在的发展动力，为实现三江源地区生态、经济和社会子系统之间可持续发展提供了坚实的基础。

基于 2007—2014 年三江源社会系统与生态系统发展情况的数据分析，可以归纳总结出三江源社会系统与生态系统运行关系：

1. 宗教信仰规范了民众生产生活行为

三江源地区的主体民族为藏族和回族，虽然两族分属藏传佛教和伊斯兰教，但是两个主要宗教教义均有对自然、对生灵的尊敬、顺从与信仰。这些教义规范着当地民众的生产生活行为和方式选择，使得社会系统与生态系统总体呈现一种和谐发展的局面。

2. 社会政策供给、体制机制完善全面促进了三江源生态系统的保护与建设

过去的 8 年中，无论是国家层面还是青海省、三江源“四

州”地方政府等不同主体，紧紧围绕生态保护与建设主题，在政策制度供给、资金项目设置、体制机制构建等内容上，顶层设计了促进生态系统发展的保护体系。

3. 三江源地区人口承载能力下降

近些年，在国家和省州的相关政策支持下地区百姓生活水平得到提高，三江源地区的人口增速较快，接近或超越了地区的草地、林地等生态资源承载能力，给地区生态系统带来巨大的压力。

第四章

三江源生态经济系统耦合度评估机制

生态经济系统耦合评估是分析生态经济系统运行效率与效益的重要内容。生态经济系统耦合评估是采用科学方法对生态与经济子系统耦合过程中的状况、效果和效益的测度，以便检查和监督两个子系统耦合运行中存在的问题，为及时进行纠正偏差提供参考，以实现生态经济系统良性耦合和可持续发展。通过科学方法对三江源生态经济系统耦合情况进行评估研究，不仅可以准确把握其运行效益，更为重要的是可以发现两个子系统耦合运行中存在的问题与偏差，并为解决问题提供重要的科学依据与支撑。生态经济系统耦合评估的研究主要涉及两个核心内容：一是构建系统耦合评估指标体系。评估指标体系要准确、客观地反映生态经济系统结构、功能与耦合运行状况。二是选择科学评估方法。由于评估方法直接或间接地影响着生态经济系统耦合状况客观性，因此是科学判断系统耦合情况的重要手段。目前，国内外学者在此方面的研究成果较为丰富，对本研究起到了重要的指导和借鉴作用。但是，对生态经济系统耦合指标构建、方法选择与运用尚未形成较为成熟的体系，这也为本研究完善此内容提供了较大的研究空间。

虽然，本书在第三章对三江源生态经济系统中各子系统发展以及相互作用关系进行了分析，并得出系统耦合过程中出现了经济系统快速发展但是生态系统面临巨大压力的结论，但是，由于仅从定性的方法对生态经济系统耦合最终结果的表现形式进行了梳理和总结，因此既不能反映三江源生态经济系统耦合过程中各个子系统相互作用的内在关系，也不能准确量化整体系统耦合态势和发展程度，使得对三江源生态经济系统耦合中产生问题和偏差的根本原因不能实现深入分析。本章将通过构建评估指标体系、选择评估方法对三江源生态经济系统耦合情况进行定量分析，为破解影响系统良性耦合和发展的各种问题提供分析基础。

第一节　研究理论基础分析

目前，国内学者对生态经济系统中各子系统之间的相互作用关系的研究，主要涉及对生态子系统和经济子系统协调、可持续和耦合等方面的定量分析。但是，由于研究范畴、关注重点和研究主体的不同，使得对生态经济系统耦合研究呈现出两种具有代表性的研究思路和体系。一方面，围绕生态子系统与经济子系统之间的协调度展开计量分析，以判断生态经济系统协调程度从而判断其可持续发展程度。也就是说，学者将生态经济系统协调与可持续归为一类展开分析。另一方面，侧重对生态子系统与经济子系统耦合程度的测评，从而观察两个系统之间的相互作用程度。国内外学者对于生态经济系统耦合研究还没有形成相对成熟的研究思路和方法，体现在对生态经济系统协调、可持续和耦合的基本概念存在着较大差异性，甚至是内涵混淆，由此导致了研究方法和思路也存在较大的不同。究其原因，主要是学者对生态经济系统中各个子系统耦合的内在相互关系在理解上存在认识的偏差。不同领域、不同学科的学者研究视域不同，使得对此问题研究呈现多元化的局面。

本研究主要基于生态经济学和制度经济学的视域，以生态经济系统耦合为研究对象，开展三江源生态经济系统耦合度研究，对三江源生态子系统和经济子系统两者相互作用内在关系进行分析，确定三江源生态经济系统的耦合状况和存在的问题，从而构建起三江源生态经济系统耦合评估机制。

一　生态经济系统协调发展评估

1. 生态经济系统协调发展模式研究

此类研究侧重于对促进、形成区域生态经济系统协调发展的方式、方法的研究。高乐华等基于我国海洋生态环境不断恶化和海洋生态经济系统非协调运行凸显的背景，进行了海洋生态经济系统内涵和协调发展目标的研究，并对我国海洋生态经济系统存在的问题进行了剖析，构建了促进海洋生态经济系统协调发展的海洋经济主导型、海洋生态主导型、海洋社会节约型三种基本模式。向宏桥基于焦作旅游发展的实践经验提出“焦作现象”，其本质是旅游地复合系统协调发展模式。他认为焦作实现了地区旅游子系统与其他子系统的复合协调发展，而其根本原因是地区旅游子系统与生态子系统的复合协调。这种复合协调中，经济子系统是动力，政治子系统是保障，文化子系统是灵魂，社会子系统是根本目标。此外，高乐华等运用生态足迹法、承载力模型等，从海洋生态经济系统的基本内涵出发，对当前我国海洋生态经济系统非协调发展的具体表现进行剖析，确定其协调发展应达到的总体目标，并构建出用以促进协调发展的海洋经济主导型、海洋生态主导型、海洋社会节约型三种基本模式，以期为我国海洋生态经济可持续发展提供参考。

2. 生态经济系统协调度研究

此类研究主要侧重对生态系统与经济系统相互作用的协调程度、发展程度的测量计算方法的研究。刘戈通过对生态足迹模型的创新、修正，引入创新因子对天津市2001—2006年的区域土地生态经济系统协调度和发展度分别进行了计算，并基于计算结果分析提出了促进天津市土地生态经济系统协调发展的若干对策。高乐华运用系统论、耗散结构论、协同学、可持续发展论和生态经济学的理论与方法，建立了海洋生态经济系统研究理论基础，通过模型定量测算系统发展状态，模拟并分析沿海省市典型非协调状态形成的关键因素与传导机理，揭示出三个系统协调度的时空演变规律，并给出推进系统协调发展的优化机制和具体措施。王振波等以长江三角洲经济区 1991 年、2001 年、2008 年的 Landsat TM 影像解译数据为基础，以长三角 90 个县为基本研究单元，构建空间数据转换模型、ESV 模型、EEH 模型，借助 ArcGIS 9.3 平台对海量的栅格和矢量数据进行空间分析，依据 ESV 指数和 EEH 指数揭示长三角生态系统与经济系统发展的相关关系、演变过程与特征，并基于计算结论进行功能分区和模式提炼。艾小艳以南昌市 2000 年、2005 年、2010 年三期的土地利用数据为基础，利用生态系统服务价值评估方法对南昌市不同时段土地利用的生态系统服务价值变化进行分析，通过生态系统服务价值的核算得出了南昌市土地利用的生态效益。同时，构建环境经济协调指数（EEH）来探讨区域环境保护与经济发展之间的关系。

二　生态经济系统耦合度评估

1. 生态经济系统耦合度研究

学者对于此内容的研究主要包括对生态经济系统耦合内涵和耦合方法的确定，并通过实证分析获得地区生态经济系统耦合度的情况。高鹤文认为生态环境系统和社会经济系统耦合并不是两个系统简单的线性相加而成的高级复合系统，需要运用系统论的思维和方法来分析生态环境与社会经济系统之间的相互作用关系，并在此理论分析的基础上结合北京地区实际发展情况，分析该地区环境与经济系统间的耦合关系。王继军等长期关注农业生态经济系统耦合，他们强调耦合度可以阐明农业经济系统与农业生态系统互动关系，从而判定农业生态经济系统耦合态势，并以陕西省纸坊沟流域农业生态经济系统耦合关系为例，运用生态经济系统耦合度模型计算和分析该流域 70 年来的耦合度。罗桥顺通过 3S 技术将生态环境数据和社会经济数据相结合，将生态环境与社会经济的耦合关系视为 LUCC 影响下的耦合关系，并以哈密地区为例构建资源生态系统和社会经济系统耦合度的分析模型，计算和分析了哈密地区生态经济系统耦合度变化状况，并总结出促进生态经济系统呈良性耦合发展趋势的六方面原因。王介勇等借鉴一般系统论的思想，构建了区域生态经济系统耦合过程模型，定量分析了黄河三角洲区域生态经济系统的耦合过程。朱海娟等运用系统演化思想，针对宁夏生态经济系统耦合评估构建了 19 项评价指标，确定了系统耦合过程模型，并对宁夏生态经济系统动态耦合过程进行了研判，分析了阻碍系统耦合发展的原因，提出了提高耦合程度的对策建议。

2. 生态经济系统耦合机制研究

学者对于生态经济系统耦合机制的研究成果较少，主要以生态经济系统耦合度、耦合态势等内容为主要研究主体，但是对生态经济系统耦合机制研究范畴、内容和结构未能形成完整的体系。赵珊建立了低碳经济与环境系统函数和系统耦合度模型、系统耦合协调度模型，基于时间序列分析了天津市滨海新区低碳经济系统与环境系统发展水平、耦合协调程度、耦合程度、相互作用状态及阶段性差异，并在此基础上提出了大力发展低碳技术、加强生态保护、推进政策规划等机制保障。周青以生态旅游开发为视角，从经济发展与生态环境交互耦合的内涵入手，较为全面地总结和归纳了经济发展与生态环境耦合的机理，构建出定量评价的指标体系与评价方法，提出了基于生态旅游开发的鄱阳湖生态影响的调控策略，并在此基础上构建了鄱阳湖经济建设与生态环境耦合发展的支持机制，主要包括法律支持、政策支持、科技支持和资金支持四个方面。齐振宏等基于微观视角，采用博弈论“囚徒困境”模型，分析了低碳农业生态产业链主体间的互动机理，研究了低碳农业生态产业链的共生耦合机制，即资源循环利用机制、生态价值补偿机制和利益合作与风险分享机制，并以武汉市东西湖发展低碳农业生态产业链为例进行了实证分析。

三　评价方法选择

构建生态经济系统耦合机制核心基础是采用科学方法对系统的耦合度测评。学者对于生态经济系统耦合度研究的定量方法选择呈现多样化、多学科的交叉使用。目前，国内学者主要从以下方面开展研究。

1. 指数综合加成及计量分析法

指数综合加成法（多变量综合评价方法），是指针对复杂系统，通过运用数理统计将若干个评价指标转化成能够反映评价主体综合情况的总指标体系，以获得较为准确的评价结果的方法。主要方法内容是，首先构建能够反映总体情况的各子系统关键指标体系，其次利用层次分析法、主成分或因子分析法等计算各子系统协调发展指数，最后根据子系统各自权重、指标体系权重和计量模型计算出整体系统的协调度。李华利用层次分析法（AHP）确定了区域的经济、资源、人口、环境各子系统的权重，通过建立指标体系计算出各子系统协调水平，构建区域生态经济系统协调度函数，即 $C=0.3D+0.2P+0.3R+0.2E$，其中 D 为经济，P 为人口，R 为资源，E 为环境。张彩霞根据区域环境资源、经济社会等多个子系统特征，构建子系统评价指标体系结构，测量了区域人口环境资源与发展（简称 PERD）综合协调度。张子龙运用协整检验、格兰杰因果检验和向量误差修正模型等计量模型，通过分析人均 GDP 与环境压力指标变量之间在时序维度上的因果关系和相互影响程度，阐述经济与环境系统的耦合关系及其动态特征。周忠学等通过回归分析和相关分析法，对 1988—2004 年陕西土地资源利用变化与经济发展之间的耦合关系进行了分析。

2. 变异系数和弹性系数法

变异系数法（离散系数协调性测度），是指运用数理统计中变异系数的概念和性质反映变化程度，以求得子系统之间协调性指数的方法。杨士弘用变异系数法对环境与经济协调发展状况进行了定量评价并根据评价值大小进行了协调度等级分类，其 X、Y 两系统间协调度及协调发展度计算公式分别为:

$C=\{f(X)g(Y)/[f(X)+g(Y)/2]^2$ 和 $D=(C\times T)^{1/2}$，其中 T 为综合评价指数，$T=\alpha f(X)+\beta g(\gamma)$，$\alpha$、$\beta$ 为待定系数。张福庆等借鉴物理学中容耦合系数模型，提出多个系统耦合度模型即 $C_n=\{(u_1u_2\wedge u_m)/[\Pi(u_i+u_j)]\}^{1/n}$，实证分析了鄱阳湖生态经济区产业生态耦合度。张青峰等利用变异系数法对黄土高原各县域生态与经济系统协调发展状况进行了研究，提出生态经济系统之间的相互作用可分为严重失调、轻度失调、低水平协调和高水平良好协调发展四个阶段，并对黄土高原生态经济系统作用关系进行了实证分析。

弹性系数法，是指用微分法反映序列时间或空间的动态变化的方法。寇晓东等利用此方法，基于系统随时间的动态变化规律，将系统协调度划分为绝对协调度和相对协调度，并提出两者作用关系的定量测量计算公式，由此可得到考察基期系统逐年协调度的特征和变化趋势。

3. 系统动力学方法

系统动力学（System Dynamic，SD）理论出现于 1956 年，创始人为美国麻省理工学院（MIT）的福瑞斯特（J. W. Forrester）教授。系统动力学对问题的理解，是基于系统行为与内在机制间的相互紧密的依赖关系，并且透过数学模型的建立与操弄的过程而获得的，逐步发掘出产生变化形态的因果关系，系统动力学称之为结构。系统动力学方法是以系统论演变思想、分析方法为基础，对符合系统动态变化和状态进行定量分析的方法。

乔标等根据系统论建立了两两系统之间的动态耦合模型，其演化方程为：$dx(t)/dt=f(x_1, x_2, K, x_n)$，$f(\cdot)$ 为 x_i 的非线性函数。同时为了保证系统运动稳定性，将其在原点附近按泰勒级数展开，略去高次项，由此可得系统变化过程的一般函数：$f(R_2)-\sum_{i=1}^{n}b_i y_i$，$a$、$b$ 为权重，x、y 为系统要素，则复合系统 R_1 与 R_2 的演化式为：$A=df(R_1)/dt=\alpha_1 f(R_1)+\alpha_2 f(R_2)$，$VA=dA/dt$，$VB=df(R_2)/dt=\alpha_1 f(R_1)+\alpha_2 f(R_2)$，$VB=dB/dt$，式中 A、B 表示内外环境影响下两子系统的演化状态，VA、VB 分别为自身与外界条件影响下两子系统的演化速度。因此，两子系统的耦合关系可以通过整个系统的演化速度 V 来反映，VA、VB 的演化轨迹投影在二维平面上形成的 VA、VB 的夹角 α 则为耦合度，通过反正切值求得夹角，并根据 α 的取值确定整个系统的演化状态与耦合度。王继军等运用近似模型对陕西省纸坊沟流域 1938—2008 年的农业生态经济系统耦合度进行了测度。

4. 结构方程模型法

结构方程模型（Structural Equation Modeling，SEM）是社会科学研究中的一个非常好的方法，该方法在 20 世纪 80 年代就已经成熟。结构方程法很好地解决了需处理的多个原因、多个结果的关系，实现对不可直接观测的变量（即潜变量）等多个因变量的计算。该方法弥补了传统统计方法的不足，成为多元数据分析的重要工具。由于其与系统耦合评价存在较好的一致性，所以国内学者逐渐将此方法运用到生态经济系统耦合评价中。王继军等在研究农业生态经济系统耦合过程中，认为这个过程是各个子系统中潜变量与潜变量、潜变量与可测变量以及可测变量之间相互作用的结果。建立结构方程模型是深入分析这种复杂系统、复杂动态关系的有效手段。因此，通过建立测量方程、结构方程模型，选定了 5 个潜变量和 12 个可测变量开展了农业生态经济系统耦合关系研究，并运用了 A-MOS7.0 研究了陕北黄土丘陵区及其各个区域农业生态经济系统的耦合关系和存在的差异性。苏鑫等基于 2008 年吴起县农户调查资料，利用结构方程模型对吴起县农业生态经济系统耦合关系进行了动态分析。

第二节　三江源生态经济系统耦合评价指标构建及权重确定

根据本书第二章和本章第一节关于生态经济系统耦合及其评估研究的文献综述，我们可以总结出国内外学者对于生态经济系统耦合的研究，由于学科不同、研究侧重点不同使得对于生态经济系统耦合研究的视角、方法均存在着一定的差异性。但是，需要指出的是，虽然生态经济系统是由生态、经济和社会子系统构成，但由于社会子系统在生态与经济子系统耦合过程中起到载体作用，因此耦合主体仍然是生态与经济子系统。基于此，对于生态经济系统耦合研究仍然侧重于生态与经济子系统相互作用关系。本研究借鉴以上研究成果，运用系统论中系统演化的思想，建立生态系统与经济系统两者间的动态耦合过程模型，并根据协同论原理分析生态与经济复合系统的动态演变及耦合状态。

构建合理的评价指标体系是实现科学评估生态经济系统耦合状况和态势的首要任务。因此，本节根据生态经济系统特点，以多指标综合评估方法对三江源生态经济系统耦合评估研究进行指标体系构建和评估方法选择。

一　评估指标体系研究现状

目前，学者对于生态经济系统耦合评价指标体系的研究主要以生态学、生态经济学、可持续发展以及系统论等相关理论作为基础，并结合生态经济系统耦合特点开展指标构建的研究。国内学者主要针对区域生态、经济和社会等方面和谐、可持续发展构建起研究指标体系。虽然，也取得了一定的研究成果，但还是未能形成相对稳定、统一的评价指标体系。尽管如此，对本研究仍然起到了较大的借鉴和指导作用。刘佳等参考农业生态经济系统耦合要素，构建起生态环境和经济社会两大类、14 项指标体系，并采用层次分析法（AHP）对各层级指标权重进行了确定。张效莉等基于人口、经济社会与生态系统间的相互作用和相互制约关系，将人口指标、社会经济综合指标、生态环境综合指标确定为一级指标，同时确定了 26 项二级指标，并使用逼近于理想解排序方法（TOPSIS）进行了指标排序。许振宇等根据指标选取的科学性、层次性、可行性、灵活性和动态性原则，确定了能较综合反映区域系统耦合状态且没有重复内容的6个一级评价指标和39个二级指标。李刚等以南京市为例，从城市生态学的角度入手建立了一套分4层共30项指标的城市生态系统可持续发展评价指标体系，并采用因子分析法进行综合实力评估。巩芳基于聚类分析的内蒙古草原生态经济系统综合评价，通过“压力—状态—响应”构建起3类11项评价指标体系。曾鸣等从我国能源系统、经济系统、环境系统三方面构建起测量三系统耦合协调度评价指标27项具体指标，较为完善地构建起评价指标体系的系统层、要素层和指标层。

二　评估指标体系构建

生态经济系统耦合评估指标系统构建，既要反映系统所在区域功能定位和特点，也要反映生态经济系统各子系统发展特征与相互作用关系。因此，对其评价指标体系构建既不能过多，也不能过少，要准确反映生态经济系统中各子系统的结构构成、运行状态和功能效益等状况。本研究借鉴相关学者研究的成果，遵循客观性与主观性、系统性与层次性、完备性与简洁性相结合的原则，在较为全面掌握三江源区域生态、经济和社会发展的区情基础上，通过频度统计法初步构建起三江源生态经济系统耦合评价指标体系，再采用德尔菲法选取30位专家（15位学者、15位官员）进行3轮筛选以确定评价指标体系，见表4.1。三江源生态经济系统耦合评价指标体系主要包括目标层、模块层和要素层三个层次的指标内容，形成了评价三江源生态系统指标 8 项，经济系统指标 9 项。

三　指标权重计算

指标权重反映指标在整个评价指标体系中的贡献大小、地位作用和重要程度，权重值确定的科学性是决定系统评价的合理性和准确性。根据国内外专家对此内容的研究成果，本研究也采用层次分析法确定各项评价指标权重。

层次分析法是一种定量与定性相结合的方法，注重将复杂系统的多目标决策问题作为一个系统并确定系统的多目标或准则，基于此再分解出多指标或准则的若干层次，从而构建起体系、层次较为完善的指标体系。在此基础上，通过定性指标模糊量化方法算出指标体系中的层次单排序（权重数）和总排序（优劣次序），以作为目标、多方案优化决策的系统方法。

（一）构造判断矩阵

在构建起系统评价指标体系后，选择 10 位专家（5 位学者、5 位官员）进行指标权重的确定。通过专家对模块层和要素层两个层次的要素进行两两比较哪个重要，重要多少，对指标的重要程度采取 1—9 赋值，在此基础上构建两两比较判断矩阵 $A, A = \{a_{ij}\}$，判断矩阵满足 $a_{ij} > 0$，$a_{ij} = \frac{1}{a_{ij}}$，$a_{n} = 1$，称为正反判断矩阵，见表 4.2。

表 4.1　　三江源生态经济系统耦合评价指标及其权重

目标层	模块层	权重	要素层	权重 W	权重 β
三江源生态经济系统耦合评价指标体系 H	生态系统 A	0.644	森林覆盖率 A_1	0.137	0.061
			水资源总量 A_2	0.255	0.092
			牧草地面积 A_3	0.096	0.056
			湿地面积 A_4	0.065	0.063
			空气质量 A_5	0.018	0.054
			水土流失率 A_6	0.153	0.065
			灾害频度 A_7	0.089	0.058
			生物多样性 A_8	0.187	0.067
	经济系统 B	0.356	地方生产总值 B_1	0.158	0.036
			第三产业比重 B_2	0.127	0.038
			能源消耗总量 B_3	0.072	0.047
			人均财政收入 B_4	0.059	0.067
			农牧民纯收入 B_5	0.149	0.071
			城镇居民可支配收入 B_6	0.111	0.040
			人口密度 B_7	0.153	0.061
			城镇生活污水处理率 B_8	0.051	0.049
			工业废水排放达标率 B_9	0.120	0.075

表 4.2　　三江源生态经济系统耦合评价指标判断矩阵

	森林覆盖率	牧草地面积	湿地面积	水资源总量	空气质量	水土流失率	灾害频度	生物多样性
森林覆盖率	1	1/3	1/3	1/5	4	3	3	3
牧草地面积	3	1	1/7	1/9	7	1/5	1/4	1/5
湿地面积	3	7	1	1/4	5	1/3	1/3	1/5
水资源总量	5	7	4	1	6	3	3	3
空气质量	1/4	1/7	1/5	1/6	1	1/7	1/6	1/4
水土流失率	1/3	5	3	1/3	7	1	3	3
灾害频度	1/3	4	3	1/3	6	1/3	1	1/3
生物多样性	1/3	5	5	3	4	1/3	3	1

根据表 4.2 建模，得出矩阵：

$$A=\begin{pmatrix} 1 & 1/3 & 1/3 & 1/5 & 4 & 3 & 3 & 3 \\ 3 & 1 & 1/7 & 1/9 & 7 & 1/5 & 1/4 & 1/5 \\ 3 & 7 & 1 & 1/4 & 5 & 1/3 & 1/3 & 1/5 \\ 5 & 7 & 4 & 1 & 6 & 3 & 3 & 3 \\ 1/4 & 1/7 & 1/5 & 1/6 & 1 & 1/7 & 1/6 & 1/4 \\ 1/3 & 5 & 3 & 1/3 & 7 & 1 & 3 & 3 \\ 1/3 & 4 & 3 & 1/3 & 6 & 1/3 & 1 & 1/3 \\ 1/3 & 5 & 5 & 3 & 4 & 1/3 & 3 & 1 \end{pmatrix}$$

（二）计算权重

（1）计算判断矩阵 A 的每一列总和 M_i，$M_i=\sum_{j}^{n}a_{ij}$，$i=1,2,\cdots,n$。

（2）计算判断矩阵 A 中每一项 a_{ij} 除以它所在列的总和得到 W_{ij}，$W_{ij}=\dfrac{a_{ij}}{M_i}$，$i=1,2,\cdots,n$；$j=1,2,\cdots,n$。每一列向量归一化后得：

$$\begin{pmatrix} 0.075 & 0.011 & 0.019 & 0.037 & 0.100 & 0.361 & 0.218 & 0.273 \\ 0.227 & 0.033 & 0.005 & 0.020 & 0.175 & 0.021 & 0.018 & 0.018 \\ 0.227 & 0.237 & 0.059 & 0.046 & 0.125 & 0.039 & 0.024 & 0.018 \\ 0.377 & 0.237 & 0.239 & 0.185 & 0.150 & 0.362 & 0.218 & 0.273 \\ 0.019 & 0.005 & 0.015 & 0.030 & 0.025 & 0.016 & 0.012 & 0.023 \\ 0.024 & 0.169 & 0.179 & 0.061 & 0.175 & 0.121 & 0.218 & 0.273 \\ 0.024 & 0.135 & 0.179 & 0.061 & 0.175 & 0.039 & 0.073 & 0.030 \\ 0.024 & 0.169 & 0.299 & 0.556 & 0.100 & 0.039 & 0.218 & 0.091 \end{pmatrix}$$

求和：

$$\begin{pmatrix}1.094\\0.517\\0.775\\2.041\\0.145\\1.220\\0.716\\1.449\end{pmatrix}，归一化得：W=\begin{pmatrix}0.137\\0.255\\0.096\\0.065\\0.018\\0.153\\0.089\\0.187\end{pmatrix}，则，AW=\begin{pmatrix}1.601\\0.734\\1.234\\1.174\\0.128\\1.851\\0.989\\2.193\end{pmatrix}$$

由 $AW=\lambda W$，可以得到：$\lambda=8.37$。

(3) 一致性检验。

①计算判断矩阵的最大特征值 λ_{max}，$\lambda_{max}=\frac{\sum_{i=1}^{n}a_{ij}}{n}$，通过运算可得 $\lambda_{max}=8.87$；

②计算一致性指数 CI，$CI=\frac{\lambda_{max}-n}{n-1}$，通过运算可得 $CI=0.124$；

③利用平均随机一致性指标表，查出同阶平均一致性指数 RI，$n=8$，$RI=1.41$；

④计算一致性比率 CR，$CR=\frac{CI}{RI}=0.088<0.1$，即判断矩阵具有满意一致性，表明具体指标权重是合理的，可以作为权向量。

同理，可以计算一级指标 H 和要素层 B（经济系统）指标权重。

四 耦合评价模型构建

本研究运用系统演化的理念建立生态系统与经济系统互动关系的动态耦合过程模型，并基于协同论原理，分析由生态与经济子系统复合成的生态经济系统的动态演变和耦合状态。

（一）耦合度计算方法

由于生态经济系统中各个子系统之间相互作用、变化的过程均为非线性过程，其演化方程为：

$$\frac{dx(t)}{dt}=f\ (x_1,\ x_2,\ \cdots,\ x_i) \tag{4.1}$$

式（4.1）中，x 为系统影响因子，f 为 x_i 的非线性函数，$i=1,\ 2,\ 3,\ \cdots,\ n$，t 为系统状态所处时间阶段。

由于非线性系统运动的稳定性取决于一次近似系统特征根的性质，因此，在确保系统运行稳定的前提下，在原点附近按照泰勒级数展开，并省略高次项后即可得到非线性系统演化方程的表达式：

$$\frac{dx(t)}{dt}=\sum_{i=1}^{n}a_i x_i\ (i=1,\ 2,\ \cdots,\ n) \tag{4.2}$$

基于此方法，可建立三江源生态系统（E_1）和经济系统（E_2）的一般函数：

$$f(E_1)=\sum_{i=1}^{n}a_i x_i\ (i=1,\ 2,\ \cdots,\ n) \tag{4.3}$$

$$f(E_2)=\sum_{j=1}^{n}b_j y_i\ (j=1,\ 2,\ \cdots,\ n) \tag{4.4}$$

式（4.3）、式（4.4）中，x、y 分别为生态系统和经济系统要素；a、b 分别为生态系统和经济系统要素权重。

根据贝塔兰菲的一般系统理论，由于生态经济系统是生态子系统与经济子系统相互作用而形成的更为复杂的系统，因此可以判断 $f(E_1)$ 和 $f(E_2)$ 演化方程的形式为：

$$A = \frac{df(E_1)}{dt} = \alpha_1 f(E_1) + \alpha_2 f(E_2), \; V_A = \frac{dA}{dt} \tag{4.5}$$

$$B = \frac{df(E_2)}{dt} = \beta_1 f(E_1) + \beta_2 f(E_2), \; V_B = \frac{dB}{dt} \tag{4.6}$$

式（4.5）、式（4.6）中，A、B 分别是系统自身和外部影响下生态子系统和经济子系统的演化状态，V_A、V_B 分别是生态子系统和经济子系统演化速度。生态经济系统演化速度可以视为 V_A、V_B 的函数，即 $V = f(V_A, V_B)$，以 V_A、V_B 为控制变量，通过生态经济系统 V 的变化便可以研究整个复合系统和子系统耦合关系。

由于生态系统与经济系统演变满足组合 S 型发展机制，因而 $V(V_A, V_B)$ 的变化轨迹为坐标系中的一个椭圆，见图 4.1。V_A 与 V_B 的夹角 α 的公式为：

$$\alpha = \mathrm{arctg}\frac{V_A}{V_B} \tag{4.7}$$

根据 α 的取值可确定生态经济系统演化状态及生态子系统与经济子系统协调发展的耦合程度，因此 α 可称为系统的耦合度。

式（4.7）中，α 的取值范围反映了生态系统与经济系统

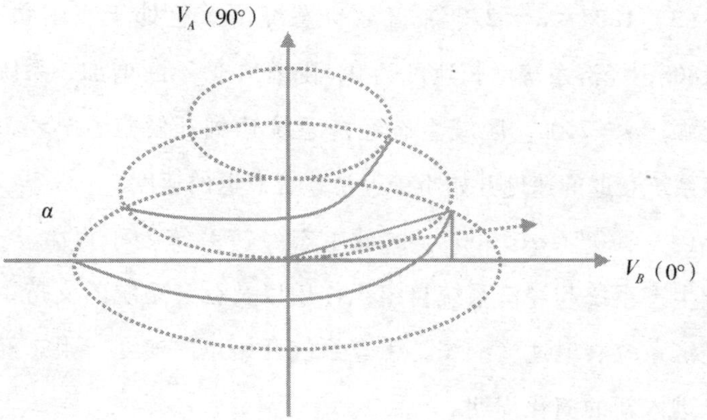

图 4.1　生态系统与经济系统耦合发展过程

耦合状态的分类。在一个时间周期内，生态经济系统各子系统相互作用演变过程可以分为系统发展、系统退化、系统衰竭和系统再生 4 个阶段。

（1）$0° < \alpha \leqslant 90°$，区域生态经济系统处于互动发展状态。$0° < \alpha < 45°$，区域生态系统与经济系统协调发展，经济系统发展速度在生态环境资源供给和调节能力范围内；$\alpha = 45°$，区域生态系统发展速度和经济系统发展速度相等，区域生态经济系统耦合处于协调可持续发展最佳点位；$45° \leqslant \alpha < 90°$，区域经济系统发展受到生态系统约束，生态系统发展速度超过经济系统发展速度。

（2）$90° < \alpha < 180°$，区域生态经济系统处于退化状态。生态系统的资源供给和环境调节能力出现负增长，整个系统处于一个熵增的局面。

（3）$180° \leqslant \alpha < 270°$，区域生态经济系统处于衰竭状态。$\alpha = 180°$，经济系统增长速度为 0，随着 α 值不断增加，系统加速衰竭。$\alpha = 250°$，区域生态经济系统达到瓦解点；$\alpha > 225°$，生态系统衰退的速度开始小于经济系统衰退的速度。

（4）$270° \leqslant \alpha < 360°$，区域生态经济系统处于再生状态。通过生态系统和经济系统自组织作用以及社会系统的支持，使得经济系统衰退速度减缓，生态系统开始正向演变，生态经济系统进入新的演化周期。

（二）数据标准化处理与计算

本研究选取 2004—2014 年能够反映三江源生态经济系统演变阶段特征的年份①。数据主要来源于三江源地区"四州"年度统计年鉴和青海省生态遥感中心生态监测数据。同时，对三江源"四州"的 17 类指标要素进行同类别的加权平均值的计算，以获得三江源整体生态经济系统的基础数据。在此基础上，采用极差标准化方法对指标数据进行无量纲化处理，计算公式为：

$$x' = (x_i - x_{min})/(x_{max} - x_{min}) \tag{4.8}$$

$$y' = (y_i - y_{min})/(y_{max} - y_{min}) \tag{4.9}$$

指标数据进行标准化处理后，乘以指标权重，求和汇总，得到三江源生态经济系统要素演变图，见图 4.2。

① 本章重点对 2005 年实施青海三江源自然保护区生态保护和建设工程后其生态经济系统耦合状态进行研究。

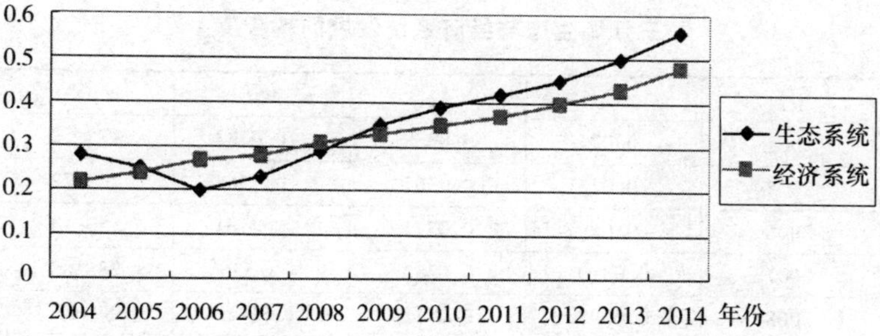

图 4.2　三江源生态经济系统要素演化过程

利用 SPSS12.0 软件对两系统要素曲线进行拟合，得到方程：

$$f(E_1) = -1.5 \times 10^3 t^2 + 0.0084t - 0.024(r^2 = 0.0976) \tag{4.10}$$

$$f(E_2) = 0.1803e^{0.0745t}(r^2 = 0.9205) \tag{4.11}$$

根据式（4.5）、式（4.6）分别计算得到 V_A 和 V_B：

$$V_A = -3 \times 10^3 t + 0.0084 \tag{4.12}$$

$$V_B = 0.01345e^{0.0745} \tag{4.13}$$

式中，t 的取值范围为 1—8，相应年份为 2004—2014 年。经过软件计算得到三江源生态经济系统耦合度情况，见表 4.3。

表 4.3　　三江源生态与经济系统发展的耦合度

年份	V_A	V_B	tgα	α (°)
2004	-0.0251	0.0328	-0.0783	175.52
2005	-0.0221	0.0367	-0.2568	168.72
2006	-0.0197	0.0375	-0.4761	152.73
2007	0.0310	0.0392	-3.526	285.83
2008	0.0398	0.0411	1.5542	89.05
2009	0.0444	0.0393	1.1332	64.92
2010	0.0426	0.0405	1.0345	59.27
2011	0.0427	0.0426	1.0053	57.59
2012	0.0457	0.0439	0.9574	54.85
2013	0.0496	0.0419	0.9188	52.64
2014	0.0520	0.0451	0.8999	51.56

（三）结论与分析

通过以上数据的处理，可以得出结论：三江源地区生态经济系统中生态子系统和经济子系统总体呈现良性的互动发展状态。2004—2006 年，三江源地区生态经济系统的耦合度 α 取值为：$90° < \alpha < 180°$，说明三江源生态经济系统处于衰退状态，产生此问题的主要原因是地区的生态系统由于长期受到人口快速增长，牲畜饲养量不断增加影响，导致草地载畜量超载，同时存在一定的破坏性开采等活动，在这两方面的影响下三江源生态系统出现了较为严重的衰退趋势，体现在水土流失加剧、草原鼠害严重、沙漠化程度扩大以及生物多样化减少等情况。与此同时，三江源地区的经济系统总体却呈现持续稳定的增长，体现在地区 GDP 增长、工业增加值不断创新高、人

均收入水平稳定提高等。由此，可以判断出2004年以前三江源地区是以经济系统发展为重点，忽视了生态系统的保护，从而使得生态经济系统并没有呈现良性耦合的局面。2005年，青海三江源自然保护区生态保护和建设工程一期开始实施，国家和地方各级政府加大了对三江源生态系统保护与建设的资金、政策和项目等方面投入，生态系统得到了快速发展，2006年后其生态效益开始显现。青海省和三江源“四州”在加大三江源生态系统保护的同时，积极发展生态畜牧业、生态旅游业等生态经济，既取得了良好生态效益又取得了一定的经济效益。因此，在2007年耦合度达到285.83°，说明三江源地区的生态经济系统处于再生状态，生态系统开始恢复发展，经济系统也呈现增长局面，但是两者在增长速度和规模等方面并不一致。这是由于国家生态文明建设、青海省生态文明先行区建设及国土功能区规划等发展理念和政策的变化，加大了对三江源生态系统的保护力度，但是也加大了三江源地区经济系统发展的约束力度，导致了在此阶段三江源生态系统的发展速度快于经济系统发展速度。现阶段，虽然三江源地区生态与经济系统呈现两者共同发展的局势，但是经济系统发展速度低于生态系统发展速度，两个系统还是出现了不均衡的发展态势。同时，由于三江源地区经济基础薄弱，经济发展速度和数量的相对滞后还不能满足地方民众对经济社会发展的强烈诉求。根据本书第三章内容可以判断出，由于经济子系统发展滞后，经济外溢效益不明显，即对于三江源地区社会子系统的推动作用不显著，也导致了地区社会子系统发育与发展更为迟缓。在此局面下，三江源地区经济系统与社会系统发展相互促进、相互支持的力度严重不足。因此，三江源地区生态经济系统仍然未能全面实现各子系统均衡、和谐和可持续发展。

第三节　三江源生态经济系统耦合存在问题的成因分析

根据上节计算数据分析，我们可以判断出虽然三江源生态经济系统耦合状态总体呈现良性互动发展局面，但是生态经济系统中各个子系统的耦合在耦合效率、耦合效益和耦合机制保障等方面仍然存在欠缺，存在较大的提升和改善空间。因此，本节将重点对造成这些问题的成因进行分析。

一　生态系统约束加强

（一）生态文明理念统领经济社会发展

中共十七大明确提出生态文明建设，中共十八大将生态文明建设纳入“五位一体”，中共十八届三中全会提出“生态文明制度建设”，从战略定位和制度完善方面全面推进了生态文明建设。青海省作为我国生态资源大省，青藏高原核心地区，其生态文明建设必然成为各级党委和政府全面贯彻的重要战略方针。2014 年 11 月，青海省委十二届七次全会旗帜鲜明地提出了坚持生态保护第一是青海面向未来的战略抉择，要切实以生态文明理念统领经济社会发展全局。[①]生态文明是人类发展过程中的一种高级文明形态，注重人、经济和生态共生演进。我们从可持续发展的视角分析生态文明建设，其内涵丰富，定位科学合理，强调生态保护优先，在保护中发展，揭示出离开经济发展抓生态保护是“缘木求鱼”，难以持续，脱离生态保护搞经济发展是“竭泽而渔”，贻害无穷的科学发展规律。就三江源地区目前的发展阶段来看，区外力量主要针对三江源地区生态系统的保护与建设，但是对于促进、形成地区经济和社会发展的内驱力还不够充分，因而地区仍然延续着依靠生态系统中各种丰富的自然资源作为生产要素的传统经济发展方式。但是，由于国家和省州发展理念和措施发生转变，生态系统约束力越来越强，此经济社会发展方式将会全面受到限制和制约。因此，强化生态文明建设反而严重限制了三江源发展经济社会所需自然资源的利用开发，从而制约了经济和社会系统的培育与发展。

（二）生态安全战略地位

习近平在参加河北省委班子民主生活会时指出：“坚持不以国内生产总值增长率论英雄，就是要科学发展，就是要落实‘五位一体’的总体布局。青海是中华水塔，西藏是世界屋脊，如果把青海、西藏污染了，多搞几百亿的生产总值又有什么意义呢？”青海省委省政府多次强调指出，青海最大的价值

---

① 青海省委十二届七次全会《中共青海省委关于贯彻党的十八届四中全会决定全面推进依法治省实施意见》，2014 年 11 月 22 日。

在生态、最大的潜力在生态、最大的责任也在生态，生态是青海最宝贵的资源、最明显的优势、最亮丽的名片，也是后发赶超的最大潜力。这样的定位是基于青海省在全国乃至亚洲的生态安全战略。青海省三江源是长江、黄河、澜沧江的发源地，区域内还分布着众多河流湖泊，融雪冰川，总面积达到1800多平方千米。三江源哺育的三条河流每年向中下游输出近600亿立方米以上的优质淡水资源，流域影响到全国2/3人口的用水，被世人誉为“中华水塔”“地球之肾”。同时，青海省是全国四大牧区之一，而三江源草原又是青海省牧区草地的重要组成地区，2013年三江源草原固碳能力不断增强，年固碳总量达到1.5亿吨，为青海省甚至全国创造良好的生态气候做出了巨大贡献。基于三江源重要的生态安全地位，国内外学者一直认为三江源区是中国最重要、影响范围最大的生态功能区，其生态变化对我国、亚洲乃至全世界的气候变化都有巨大的直接或间接的影响，其作用不可替代。正因为三江源重要的生态安全战略地位，也使得国家和青海省各级政府更为关注三江源生态系统的保护，并不断加大在制度、政策、项目等方面的帮助和支持。在这样的发展背景下，三江源地区生态系统呈现出快速发展的趋势，而依靠传统经济发展模式的经济系统却受到较大的限制。

（三）主体功能区定位

2014年3月青海省人民政府下发的《青海省主体功能区规划》中明确提出，根据各区域资源环境承载能力、现有开发强度、发展潜力和人居适宜性的综合评价，全省主体功能区划分为重点开发区域、限制开发区域和禁止开发区域三类。青海省具有高原、脆弱和稀有的生态系统，因此在三类区域中限制开发区规划面积为41.41万平方千米，占全省行政区域面积的57.71%；禁止开发区规划面积为25.91万平方千米，扣除重叠面积后为23.04万平方千米，占全省行政区域面积的32.11%，全省禁止开发区和限制开发区面积合计达到89.82%。三江源地处青海省生态保护的核心区域，100%的面积设定为禁止开发区和限制开发区。由于禁止开发区和限制开发区的主要任务是要依据法律法规和相关规划实施强制性生态环境保护，严格控制人的行为对自然生态和文化自然遗产的原真性与完整性的干扰，更不能产生对两方面的破坏，这就要求对禁止开发区和限制开发区的人口进行合理、有序转移，并实现污染物排放零增长，提高环境和经济社会的发展质量。青海省主体功能区的划分就要求三江源地区围绕着生态保护第一的理念，强调对生态系统的保护。因此，主体功能区规划进一步削弱了地区经济社会发展对生态系统各类自然资源的依赖，也直接和间接地减弱了经济和社会系统发展的动力。

二　社会系统支撑不足

（一）人口文化素质偏低

本书第三章对三江源地区的人口结构和受教育程度进行了介绍。在表3.6中，全国第六次人口普查的相关数据显示，三江源地区“四州”人口受教育程度总体较低，获得大专以上学历的总人口数仅占三江源地区人口的4.8%，获得高中学历的仅占4.6%，获得小学学历的却高达43.7%，而文盲人数则达到了17.8%。从这些数据中我们可以清晰地看到，三江源地区主要群体是中小学学历。这个群体在承担地区经济、社会发展任务中，由于基本文化知识的匮乏而导致在政策理解、新知识获取、新技术使用、开拓创新等方面受到巨大制约，更为严重的是导致了经济社会发展所需劳动力素质不高、人口不足。由于人口文化素质制约性通过传导机制将进一步传递到社会系统、经济系统甚至生态系统建设与发展中，从而形成了最大的“发展困境”。同时，由于受经济发展相对较慢、城镇居民收入水平较低等因素影响，三江源的民众更为强调自身利益的诉求，致使他们很难在经济系统和社会系统发展中起到中坚力量的作用，更难积极主动地监督政府和企业的各种经济活动，公众参与三江源生态经济系统耦合的被作用弱化。

（二）人才紧缺，技术能力不够

三江源地处高海拔地区，其高原气候和艰苦的生活环境成为吸引人才的巨大“天然屏障”。在地区人口文化素质总体偏低的情况下，人才引进也困难重重。另外，由于在少数民族相关政策支持下，三江源地区考入高等教育学府的青年人数不断增多，但毕业后主动回本地区工作的人数却逐年减少。以上两个主要方面导致三江源地区人才队伍不能满足地区经济社会发展与生态保护建设的需要，也使得在思路延展、顶层设计、制度执行和开拓创新等多个方面受到限制。人才紧缺的局面带来的是技术能力的不足。近些年，随着三江源生态保护与建设工程的推进、青海三江源国家生态保护综合试验区建立等项目的落实，特别是玉树重建等项目的圆满收工，均给三江源地区基础设施建设带来了巨大的改变。然而，由于人才短缺导致大量设备、技术无法运用，较多资源闲置或浪费，甚至阻碍新技术的引进。此局面在很大程度上制约了生态、经济和社会系统的发展。

三　经济系统效益不高

（一）产业结构欠合理

虽然，近些年三江源地区发挥资源优势，大力发展了生态经济，形成了具有高原特色的生态畜牧业等产业。但是，产业结构中第二产业仍然是主导产业，也是导致结构不合理的主要原因。在本书第三章中，表 3.9 显示在过去的 8 年中，玉树州、果洛州、海南州的第二产业均持续快速增长，只有黄南州的第二产业呈现下降趋势。2014 年，三江源地区的“四州”工业增加值共计完成 65.66 亿元，平均增长 6.0%。其中，海南州增长 16.2%，玉树州增长 10%，黄南州增长 0.98%，只有果洛州出现负增长，为 -3.05%。总体而言，目前三江源地区的工业已经成为经济发展的主要动力，而且较为严峻的问题是工业中重工业发展速度更快，占比更大。如此的产业结构虽然为经济系统发展速度提供了动力源泉，但是却为地区生态系统健康发展埋下了巨大的隐患。因此，全面促进三江源生态经济系统良性耦合，实现三江源地区可持续发展任重而道远。

（二）经济发展迟缓

第三章中的表3.7、表3.8显示，过去的8年间三江源地区与全国、东部、中部、西部和青海省在GDP、城镇居民人均可支配收入、农民纯收入等方面的差距不是在缩小，而是在不断拉大。在全国经济社会快速发展的大背景下，三江源地区的经济发展横向比较的差距拉大，也使得地方民众和领导干部对经济发展的诉求强烈。然而，由于受到生态安全战略地位、生态资源保护加强等因素的影响，制约、限制了地方经济社会发展所需的自然资源开发利用。同时，由于经济基础薄弱、人才紧缺，也使得经济发展能力不足，资源优势转化为经济优势能力不够，体现在经济总量较小、经济效益不完全和经济效率较低等方面。

由于受生态系统约束加强、社会系统支撑不够和经济系统效益不高等因素的影响，使得三江源经济系统发展较为缓慢，无论是经济规模还是经济发展速度均与全国、青海省的差距较大。经济系统发展缓慢，经济效益无法实现外溢现象，对社会系统发展的促进、带动和辐射作用不强。同时，社会基础更为薄弱，对经济系统发展支撑不足，又阻碍了经济系统的发展。于是，三江源生态、经济和社会系统三者之间形成了生态系统约束下的经济系统与社会系统缓慢发展的局面。

第五章

三江源生态经济系统耦合体系优化机制

三江源生态经济系统耦合总体态势良好，但是仍未实现生态系统、经济系统和社会系统均衡与和谐可持续发展的局面，主要体现在生态系统发展速度较快，而经济系统和社会系统发展较慢，导致与省内外地区存在较大的差距，且这种差距还呈现不断拉大的局面。目前，作为世界上最大的发展中国家，经济发展始终处于核心地位。习近平总书记指出，实现我们确定的奋斗目标，必须坚持以经济建设为中心，坚持发展是党执政兴国的第一要务，不断推动经济持续健康发展。作为欠发达的青海省和三江源地区，经济发展在现阶段仍然是中心任务，是生态文明建设的物质基础，更是三江源地区全面发展的内驱动力。因此，对于生态安全、地位突出，但经济社会发展滞后的三江源地区，需要以生态经济为目标，以优化生态经济系统耦合机制为载体，充分发挥生态与经济系统的积极作用，提高生态经济效率与效益，为实现地区生态经济系统可持续发展提供最为重要的手段和保障。

第一节 生态经济系统耦合目标和载体分析

一 耦合目标设定原则

1. 系统性原则

由于生态经济系统结构特点，生态经济系统耦合目标设计既要充分考虑生态、经济和社会子系统发展目标的独立性，又要满足整个系统稳定与发展目标的整体性。因此，三江源生态经济系统耦合目标既有个性目标，又有共性目标，而共性目标是系统的要求与方向。生态经济系统耦合目标设计需要统筹协调系统目标与子系统目标，实现共性和个性的统一与协调。因此，生态经济系统耦合目标设置需要坚持较强的系统性原则。

2. 阶段性原则

生态经济系统耦合目标实现过程，具有长期性和渐进性特点。由于不同地域在经济社会和生态环境建设等方面均存在一定的差异性，这种差异性体现在发展阶段、能力水平和物质基础等方面，生态经济系统耦合时不同区域对于耦合目标设定的侧重点、内容以及方式均有不同。因此，科学的生态经济系统耦合目标制定，应在地区发展阶段特性基础上，合理、科学地制定耦合目标，并处理好耦合发展目标的短期与远期、规划与愿景的关系。

3. 相互衔接原则

生态经济系统结构的多元性决定了实现其耦合目标，需要满足各个子系统目标之间的融合与协调。在生态经济系统耦合过程中，要将子系统发展目标与整个大系统发展目标紧密衔接，在思想理念、体制机制、法规法律等方面均要实现彼此间的融合，做到总目标与子目标相互适应、相互衔接。

4. 可持续发展原则

生态经济系统耦合目标不仅影响着其耦合方式，还决定着其发展方向。因此，无论什么地区、什么发展阶段，生态经济系统耦合都要坚持可持续发展原则。一方面，目标设定既要满足现阶段发展需求；另一方面还要考虑地区发展的可持续性。这就要求三江源生态经济系统耦合时更应该关注生态系统与经济系统之间的均衡发展，既要加强生态建设与保护，也要注重对经济健康发展的规划。

二　耦合目标确定

1. 经济社会与生态自然和谐相处

生态自然与人类经济社会发展可分为三个主要阶段[①]：第一阶段为原始生产力阶段。此阶段生态经济系统的耦合是通过自然方式进行耦合的，人类虽然直接索取自然资源但服从于自然。第二阶段为工业革命之后，人类盲目追求经济社会效益，

① 张培玉等：《人类与自然关系的三个不同阶段》，《森林与人类》1999 年第 6 期。

忽略甚至无视自然生态系统的约束与发展，其结果导致生态系统受到严重破坏，人类也受到了生态系统的“报复”。第三阶段为20世纪60年代后期，人类开始关注生态系统与经济、社会系统的和谐可持续发展，绿色发展、可持续发展逐渐成为主流思想认识。因此，三江源生态经济系统耦合必然要符合当前国家发展的要求和趋势，以生态系统与系统可持续发展作为首要目标。

2. 经济发展与生态保护耦合的良性发展

现阶段，三江源生态系统获得较多的发展支持，发展速度和质量有了较大的提升。但是，经济发展滞后也给各级政府带来了巨大压力，也使得三江源地区内驱发展动力还没有形成。面临着生态保护约束不断加强的条件下，地区必须寻找出经济欠发达但资源富集的可持续发展之路。这就要求经济发展与生态保护之间形成平衡、和谐的发展模式，需要在其生态承载能力范围内最大化的开发与利用资源，以促进生态优势转化为经济强势，最终实现地区生态系统与经济系统耦合的良性发展。因此，经济发展与生态保护耦合的良性发展目标是三江源生态经济系统耦合的中坚目标。

3. 经济、社会和生态系统的可持续发展

可持续发展是生态经济系统耦合活动的最终目标。生态经济系统中三个子系统之间在时间、空间、数量、结构、秩序方面的生态耦合关系和相互作用机制决定了复合生态系统的发展与演替方向，协调三个子系统耦合关系和谐有序，是实现人类社会、经济与环境间复合生态关系的可持续发展的重要基础。生态经济系统发展的可持续性是判断生态、经济和社会子系统之间耦合及其运行是否合理和科学最为重要的标准。因此，确保三江源生态经济系统耦合的可持续发展始终是最为重要的目标。

三　耦合载体选择

由于三江源生态安全战略地位显著，因此三江源生态系统与经济系统耦合过程中要充分考虑，在生态系统发展约束不断加强的前提下如何促进将生态资源优势转为经济发展优势。本研究认为由于经济系统在生态经济系统中具有主动、能动的作用，在两者间实现均衡、和谐与可持续发展的关键是经济发展方式和方法的选择。摆脱传统工业的经济的发展模式，以生态经济作为经济发展方式的选择是决定三江源生态经济系统良性耦合状态和发展趋势的核心，也是最为基础的保障。生态经济是以生态经济系统为核心，以其内在运行规律为基础，引导、规范人类的经济社会实践活动，获得在生态与经济发展平衡前提下的生态系统与经济系统最佳组合、最优配置，最终实现生态系统与经济系统和谐、可持续发展的方式方法。生态经济发展关注自然生态系统与经济系统间相互作用、相互影响的客观规律，促进经济、社会和自然环境的和谐共处，实现可持续发展的经济形态。生态经济核心价值理念是生态经济化和经济生态化，即主张对生态系统资源在合理范围内充分挖掘和利用，同时强调形成的经济是绿色的、可持续的，而不是黑色的和短期的。生态与经济两者的发展不分先后、轻重，而是彼此相互作用、相互尊重、相互促进。因此，从系统作用、功能和定位分析，三江源生态经济系统耦合应当以生态经济作为实现生态系统与经济系统良性耦合的手段、载体和支撑。

第二节　生态经济系统耦合的生态经济产业布局

生态经济系统耦合的重要载体是生态经济，三江源发展生态经济既要遵循经济发展规律也要尊重自然发展规律。首先要考虑生态系统自身具有的优势、特点和能力；其次要考虑生态经济产业发展科学性、合理性。两者彼此制约、相互作用，才能实现三江源生态经济系统良性耦合。因而，三江源生态经济系统良性耦合与可持续发展，既要不断加强生态系统的保护与建设，夯实发展基础，也要促进生态经济的壮大，实现发展的“造血”功能。

一　拓展生态保护方式，夯实生态经济发展基础

生态经济系统中生态子系统决定了经济子系统和社会子系统发展规模、速度和方式，换言之，生态子系统保护与建设是经济和社会子系统发展的基础和前提。目前，三江源生态资源环境有了较大的改善。但是，地区生态退化的总体趋势尚未得

到根本遏制，仍然制约着三江源生态经济系统良性耦合。因此，全面加强和改善三江源生态系统是实现三江源生态经济系统良性耦合的根本保障。

（一）以项目为载体加强生态保护引导

在过去的8年间，三江源地区的生态环境保护与建设主要以国家和地方的规划为引导，以工程为手段，以项目为载体开展，实现了三江源由省级自然保护区、国家级自然保护区发展到成为国家生态保护综合试验区。先后实施了退牧还草、封山育林、黑土滩治理、沙漠化治理等生态保护与建设、农牧民生产生活基础设施建设和生态保护支撑三大类项目工程。项目工程的实施不仅加强了生态保护，也提高了农牧民的生活水平。然而，在调研过程中发现，项目实施中涉及农牧民资金发放、补贴、补偿等措施，各级政府特别是地方领导干部并没有充分对当地民众资金来源、资金用途和资金使用等情况进行详细、全面的解释说明，导致民众对资金发放形成了简单的认识，即有项目就有钱，给钱就拿，而对应当承担的责任和义务并不全面了解。然而，长期如此却造成了民众对于为什么拿，怎么拿，拿了干什么均不清晰，更为严重的是养成了当地民众对政府的完全依赖，进而导致地方农牧民保护和建设生态的积极性与主动性没有被调动起来，更无法发挥民众的聪明才智。因此，加强三江源生态保护和建设的首要条件是充分调动民众的参与性和积极性，要通过生态保护和建设工作岗位，完善工作考核机制等项目合理设置、实施和效果评估将民众的切身利益和生态保护效果密切挂钩，以实现项目带动农牧民保护和建设生态环境的积极性、创造性，并强化地方农牧民保护生态环境的意识和行为的纠偏。

（二）发挥地方民众主体作用

三江源生态保护与建设源于由国家和青海省开展的顶层设计。在多年的实践活动中，我们发现三江源多数民众主体始终是处于被动接受的局面。此局面，既不能保障三江源顶层设计项目的完全落地，也不能实现发挥地方农牧民参与的积极性。地方民众是保护与建设生态的主力军，发挥他们的积极性、参与性，甚至是创造性才是生态保护各项工程事半功倍最为重要的保障。发挥地方民众主体作用重点应围绕两方面内容展开：

1. 继承传统，改善方式

三江源地区农牧民具有游牧传统的生活生产方式。这种传统不仅不是落后的生活方式，还是天人合一的低碳生活生产方式。这种传统与工业文明相悖，但却体现出与生态文明建设的核心思想相一致的理念：人与自然的和谐相处，共生演进。因此，对于三江源牧民而言不是向工业经济发展模式转化，而是改善传统生活生产方式，使其既体现工业文明的经济价值，又体现生态文明的核心价值观。例如，正是由于独特的游牧方式，使得三江源地区生产出具有强稀缺生态价值的牦牛，而将其放入规模化生产线上生产，这种价值就不复存在了。所以，三江源地区传统游牧方式应给予保留。这种传统保留不仅传承了游牧生活生产方式，而且尊重了地区、民族的历史文化。当然，这里需要强调的是，在保留传统的同时需要与时俱进地对传统游牧方式进行改善，通过科学技术来研判地区生态系统承载能力，通过基础设施建设来提升生产效率，以提高传统游牧业适应能力和创新能力，实现既能保留传统生产生活方式，又能适应经济社会发展需求的新型游牧模式。上千年的发展历史证明，三江源地区牧民和他们传统的生产生活方式不是生态保护的对立面，而是生态环境的一部分，是与生态环境息息相关的有机体。在新的发展阶段，保护和建设生态不是放弃原有的传统，而是发挥传统中人与自然浑然天成的理念、方式，同时针对发展新要求不断改变、完善原有的生活生产方式，提高效率增强效果，从而实现传统与现代的完美结合。

2. 以“协议保护”方式拓展民众参与渠道

“协议保护”是通过协议的方式，将土地附属资源的保护权作为一种与经营权类似的权利移交给承诺保护的一方，从而确定资源所有者和保护者之间责、权、利的生态保护方式。“协议保护”在强化广大农牧民群众主体地位、培养参与式管理的新理念、发挥本土文化保护环境的积极作用、建立生态保护的长效机制等方面重要意义。[①] 此方式在 2006 年首次引入了三江源生态保护与建设工程中，但因规模较小并没有发挥出应有的作用。十八届三中全会提出生态文明制度建设，对于自然资源资产产权、自然资源有偿使用等制度的提出，为“协

① 《协议保护能否拯救三江源》，载《中国环境报》2011 年 5 月 9 日第二版。

议保护”进一步推广提供了制度保障。一方面，三江源地区应根据不同区域和具体的自然资源情况，政府、中介组织等机构通过与农牧民签署协议的方式，将土地附属资源的保护权以经营权类似的权利转交给农牧民，形成与国家政府和个人之间的权、责、利关系，让农牧民行使保护权的同时，给予与经营权等量的经济权利。如此可以充分调动农牧民保护生态的主动性，使生态系统保护得到加强的同时，也促进了农牧民经济收入的提升。另一方面，作为“协议保护”重要的制度支撑，对于农牧民生态保护的生态绩效评估制度是给予其经营权获利的重要依据和标准。因此，需要通过第三方如生态保护协会等专业机构对政府和民众甲乙双方进行权利、责任和绩效的客观、科学的评估，并注重将评估结果作为政府生态保护、农牧民资金奖补的重要依据，实现评估结果多元化的使用，确保“协议保护”发挥最大效能。

三江源生态保护的主体是政府，更是地方民众。作为生态环境中的一个组成部分，当地牧民有智慧也有能力建设好他们故乡的生态自然环境。三江源地区牧民不但天然地具有保护生态的意识，而且组织程度比较高。早在2002年，措池村就自发成立了生态保护小组，其主要工作是记录当地见到的野生动物种类、数量，制止外来人员盗猎野生动物。2004年12月，措池村成立了“野牦牛守望者”协会，村民开始进行野生动物监测。同时，当地的寺院然仓寺也积极加入到保护宣传中，增强了当地人的保护意识。因此，政府在发挥顶层设计和政策引导下，更应该关注对当地民众参与生态保护积极性和创造性的挖掘，只有当他们的力量发挥出来，政府政策、项目和制度才能有落实的主体，也只有三江源生态系统健康发展才能为其生态经济的培育与发展奠定坚实的资源环境基础。

二　壮大基础产业：高原生态畜牧业

三江源地处青藏高原腹地，独特的高原气候、生态环境赋予了三江源地区更具高原特色的稀缺资源，如高质量的水资源、高原特色的动植物资源，甚至清澈的空气均构成了三江源独特、稀缺的生态系统。这种生态系统又培育出全国最具稀缺性的高原牦牛、欧拉羊、藏獒、冬虫夏草、枸杞等动植物。另一方面，千年的游牧生产生活方式本身就是一种稀缺资源。正是这种天人和谐的游牧生产方式的稀缺性，才决定了其产出的畜牧产品的稀缺性。“两个稀缺”为三江源发展高原特色生态畜牧业奠定坚实基础，即稀缺的生态系统造就了稀缺资源，稀缺的生产生活方式进一步提升了产品的独特性。在工业化进程中，这些天然、纯净的优质资源可以形成具有独特竞争优势的产品和产业。基于此，本研究认为依托高原稀缺资源打造高原特色的生态畜牧业应当成为三江源基础性发展产业。

三江源生态畜牧业的发展不能按照工业化方式改造传统牧业发展模式。工业方式强调牧业规模化经营、机械化和集约化的生产，但是三江源生态系统脆弱，承载能力不强，因此现代工业化生态理念不适合三江源地区，也不适应当前生态文明发展的趋势与要求。三江源生态畜牧业发展应坚持“两个稀缺”，即在坚持生态保护第一，坚持传统游牧生态生活的基础上，实现畜牧产品的高附加值与畜牧产业的健康发展。

（一）培育生态畜牧产品市场

青海省是我国五大牧区之一，拥有近5亿亩天然草场，大部分位于三江源地区①。在保护三江源生态环境的前提下，生态畜牧业是这一地区农牧业经济可持续发展的必由之路，从长远来看，需通过多元化途径走生态畜牧业发展的新思路、新举措和新办法。一是以“两个稀缺性”为核心，大力宣传三江源高原生态畜牧业产品稀缺价值，加强引导、促进消费者对三江源高原生态畜牧业产品稀缺价值的认可和接受程度。围绕国内外两个市场，积极实施品牌战略、价格策略、精准细分市场和消费群体，将终端市场重点确定在收入、消费水平较高地区、区域，加强对此类地区消费者需求和行为的引导与培育。二是以金融为手段，以项目为载体，加大对三江源高原生态畜牧业发展的倾斜。各级政府要积极争取国家政策性农业贷款、财政支农资金，并尽可能多地向三江源高原生态畜牧业项目倾斜，同时设立青海高原生态畜牧业发展基金，加大信贷资金对高原生态畜牧业项目的支持力度。注重优先安排高原生态畜牧业产品精深加工项目，延长高原生态畜牧业的产业链，以获取更多层面的产品附加值。三是采取按产定价的价格策略。由于

① 《三江源可持续发展必须走生态畜牧业新路子》，载《新华网》2011年9月2日。

三江源高原生态畜牧产品稀缺性和生态系统脆弱性的限制，使得三江源生态畜牧业既不能走简单的现代畜牧业发展之路，也不能走工业化、规模化发展之路，而是在保证生态系统承载能力范围内的前提下定量生产、限量供给，实现以产量供给的稀缺性确定产品供给价格。基于产品价格要体现产品的价值，三江源地区生态畜牧业应采取高价格和声望价格等策略。

（二）加强高原生态畜牧业生产基地建设

建设好三江源高原生态畜牧业生产基地，有利于充分发挥生态基地在物流、价值流、信息流和价值流等方面优势，为促进畜牧业发展起到重要的保障和支持作用。一是要按照生态工程原理，以生态系统的整体、协调、自生、循环，即自然界迁移、转化、流动与循环的规律为基础，建设符合三江源地区区情的物流、能流及信息流的渠道、平台和载体，促进地区生态系统与经济系统的良性耦合。二是延长生态畜牧业的产业链。高效利用三江源独特生态资源和生态环境，围绕核心产品延展产品的多样化、延长产品种类和数量，形成多层次、多类别的产品结构，从而构建起丰富的高原生态畜牧业生产体系。三是抓好高原生态畜牧业示范基地建设。坚持既要满足经济发展规律也要尊重自然发展规律，以生态草场建设为重点，按照“谁投资、谁受益，谁使用、谁建设”的原则，落实好草场建设责任制。保障生态草场建设符合自然发展规律，建好、管好、用好草场，通过生产技术和种植基础的创新提升草场的承载能力。在满足生产需要的同时，草场仍然能够实现可持续发展，从而为高原生态畜牧业健康发展坚定基础。

（三）构建生产标准和资格认证体系

在具有了稀缺性优势的基础上，科学的产品标准和资格认证体系是保障三江源生态畜牧业产品质量的重要手段。因此，加强产品标准和企业资格认证体系的构建意义重大。由于国内外对于生态畜牧业产品还没有形成统一的标准和认证体系，因此可以借鉴已经获得社会认可的有机产品认证体系。从2001年至2005年，国家环保总局先后颁布了《有机产品认证管理办法》《有机产品生产和加工技术规范》和《有机产品国家标准》，初步构建了我国有机产品认证、生产等环节的管理体系。在此背景下，青海省政府应加大对高原生态畜牧产品的验证、审核和监管工作力度，通过有机认证机构设置、生产流通环节监督等方面构建起具有高原特色的评估体系和实施办法。一方面，提供生态畜牧业生产标准和依据，促进相关配套法规、实施办法的制定与落实，确保青海高原畜牧业步入良性循环的发展轨道。另一方面，规范企业经营行为，实现对企业生产全过程的监督检查，以提升企业能力和水平，为推广、打造高原生态畜牧业产品提供技术支撑。

（四）完善保障措施

一是实施能繁母畜补贴。采取突出重点、以奖代补的方式，形成以牲畜分类组群、非生产畜适时出栏、能繁母畜比例合理、牲畜商品率高的畜牧业生产方式。通过多种奖励、补偿方式，一方面确保牧区牛羊能繁母畜不减少、比例有所提高，保护好畜牧业生产能力；另一方面充分调动牧民通过牲畜作价入股到合作社的积极性，进一步提升合作社带动发展的能力。二是实施高效养殖技术推广。采取技术承包方式，拓展合作平台。由省内外科研院所、技术推广部门承包2—3个县，根据县域内生态畜牧业合作社牧业生产实际，对畜种改良、饲草料种植和调制、牲畜饲养和补饲、动物疫病防治、牲畜鉴定组群、畜群周转和育肥、草场划区轮牧、季节性休牧禁牧等技术进行指导和设计，提高生态畜牧业养殖资源配置能力和资源利用率效益。三是扩大畜牧良种工程建设规模。健全畜禽良种繁育体系，突出牦牛和藏羊，兼顾细毛羊、半细毛羊等良种羊繁育，加大藏羊本品种选育、野血牦牛推广力度，提升牲畜个体性能。四是建立良种补贴机制。进一步加大省、州、县财政配套力度，扩大畜牧良种推广数量，增加补贴品种范围，使牦牛种公牛推广数量扩大到1万头、绵羊和山羊种公羊数量提高到4万只，不断扩大优良畜种覆盖面。五是开展饲草料产业支撑工程。扩大饲草料种植面积，建立饲草料标准化生产示范基地，优化重组饲草料龙头企业，大力发展饲草料种植，提高饲草料生产能力。在农区坚持量质并重，扩大标准化养殖规模；在牧区坚持减量提质，扩大舍饲、半舍饲规模。六是着力打造高原生态畜牧业高端品牌。建设生态畜牧业生产示范基地，做实产业，做优品质，实现品牌富牧，走有机绿色、高价高端的路子。

三　培育竞争优势产业：高原生态旅游业

1983 年，由世界自然保护联盟（IUCN）首次正式提出“生态旅游”的概念。1993 年，国际生态旅游协会对其内涵进行拓展，认为生态旅游是具有保护自然环境和维护当地人民生活双重责任的旅游活动，强调对自然景观的保护，是一种可持续发展的旅游。近些年，随着我国居民收入水平的不断提升，生态旅游已经成为主流旅游内容，并且呈现快速发展态势。三江源是大美青海的生态旅游资源核心区，其独特的高原风景、天然的生态环境、悠久的历史文化均具有极高的生态旅游价值。因此，对于三江源生态旅游业还应当从生态自然环境的体验与生态文化的感悟两方面进行规划与发展。目前，青海省政府做出的《三江源地区生态旅游发展规划》中明确提出，在三江源地区建设 35 个生态旅游重点项目，6 个重点景区。三江源生态环境旅游主要包括“三江之源”水源地生态与环境体验、“康巴安多”藏文化原生态体验、“青南高原”人与自然关系体验、“青南高原”户外运动与自驾车旅游为主体系列产品；三江源生态文化旅游主要包括围绕本土游牧和藏区文化开展歌舞之乡采风、马背文化体验、宗教文化探秘等生态文化旅游。这些举措为三江源高原生态奠定了坚实的基础。三江源具有独特、脆弱、稀缺的生态系统和社会系统，发展高原生态旅游业既要体现这种稀缺性，又要在生态资源转化为经济优势时注重对生态环境的保护，确保实现三江源永续发展的目标。

（一）定位高端消费群体

三江源极其富集的高原生态资源、悠久的历史文化及神秘的藏传佛教等要素，构成了最具原生态和吸引力的旅游资源。具有稀缺性和独特性的三江源生态旅游资源，是一种满足人们心灵洗礼需求的志愿者之旅、精神之旅和善行之旅。无论是从保护其脆弱的生态系统需要，还是提高经济效益的需要分析，三江源高原生态旅游的产品供给都应针对高端消费群体。这个群体不是以收入为唯一标准，还要强调是对自然有爱心、有责任感、有环保意识的消费者。定位三江源高原生态旅游高端消费群体，应做到：一是严格控制旅游人数。对于三江源生态系统中的主要资源，如水资源、草地资源等进行承载能力的核算，并以此为标准计算每年接待的旅游客人。特别是重点关注每年6月到8月，三江源旅游人数将达到全年最高峰，也是生态环境最易受到损害的时间节点，需要更加准确、科学、有序地安排进入的客流人数。同时，通过青海省政府及相关职能部门提前对接纳旅游人数做出全年的社会公告，以确保旅游客源组织的有序配置。二是实行以原生态资源稀缺性和独特性文化形态为依据的高定价旅游产品。三江源生态旅游资源的稀缺性与高原生态畜牧业一样，不能按需定价，而是按量定价。三江源生态系统和社会系统的稀缺性、独有性和重要性都使得三江源旅游资源具有很高的产品附加值。因此，对于三江源地区的旅游产品应以高价格定位，以体现三江源旅游资源稀缺性的价值。通过限制旅游人数，提高产品定位和定价，不仅可以实现生态保护的目标，也能够为三江源内驱经济发展动力的形成提供支撑，从而实现对三江源生态环境的保护与发展的“双赢”效果。

（二）行政许可与特许经营组合选择高端企业

近些年，三江源旅游业已经呈现出快速发展趋势。但是，经营旅游业的企业却呈现出水平参差不齐、鱼龙混杂的局面。企业是三江源生态旅游业的主体，企业的经营和管理素质决定了旅游全过程的水平，包括了对游客生态和文化传统保护的引导与教育。为了全面实现三江源生态旅游业健康、可持续发展，青海省应对于从事三江源旅游业的企业通过采取行政许可和特许经营的组合方式进行选择，以规范管理促进生态旅游业健康发展。

1. 行政许可规范要求

十八届三中全会中明确提出自然资源资产产权制度，其核心是对于自然资源的使用权、保护权和收益权等内容的确权。三江源地处青海省，青海省在对其使用、保护和收益等方面应具有一系列权利获取。自然资源产权制度为政府通过行政许可方式对企业主体在自然资源开发与利用进行前置约束提供了制度支持。行政许可是指在法律一般禁止的情况下，行政主体根据行政相对方的申请，经依法审查，通过颁发许可证、执照等形式，赋予或确认行政相对方从事某种活动的法律资格或法律权利的一种具体行政行为。青海省政府可以通过使用行政许可手段对已经或即将进入的三江源生态旅游企业进行筛选。一是设置较高的进入壁垒。一方面，加强硬件评估。通过资产、设备和人员等方面进行评价，以判断经营企业应具备的基本能力和实力。另一方面，加强软件评估。对企业信誉、服务水平等方面进行评价，以判断企业素质和水平。通过软硬件的评价，筛选出具有两方面均有较强能力的企业参与三江源高原生态旅游经营活动。二是设置生态环境保护的各项条款。要求企业围绕生态旅游全过程，经营企业必须无条件接受保护三江源生态环境等控制条款，并贯穿于经营活动的每个环节，确保游客严格遵守各项国家和地方生态保护的法律法规，并形成行为的自觉性和主动性等条款。三是增加授权企业引导与教育职责。授权企业在经营过程中需要增加对游客的生态保护引导与教育职责。

通过行政许可手段，短期内虽然将淘汰多数旅游企业，易产生经济效益下滑局面，但是可以规范企业行为、营造市场环境，促进从事三江源高原生态旅游业高端企业健康发展。从长期分析，行政许可手段将增强市场成熟度，提升企业能力，规范市场行为，从而实现三江源生态资源环境的保护和经济社会发展“双赢”的格局，为地区生态旅游业永续发展奠定基础。

2. 特许经营扩大市场

通过行政许可方式将淘汰多数能力不强、素质不高、业务水平较差的旅游企业，这对于三江源地区健康推进高原生态旅游业具有前控的作用。此举将在很大程度上保障三江源生态系统健康发展，但是这并不意味着就阻碍了经济系统发展。行政许可方式将有实力、有责任的企业保留下来，并促进其快速发展壮大。在此局面下，再通过特许经营的方式，扩大市场主体的数量，这种扩张并不是盲目的而是具有较强约束力的，以实现既能够促进市场主体的发育与成长，又能满足三江源生态自然环境承载能力。

根据中国商务部定义，特许经营是指通过签订合同，特许人将有权授予他人使用的商标、商号、经营模式等经营资源，授予被特许人使用，被特许人按照合同约定在统一经营体系下从事经营活动，并向特许人支付特许经营费。基于此，三江源高原生态旅游企业的特许经营应注重以下几个方面。一是构建特许经营统一的选择标准。特许人应根据三江源生态旅游的特点，在授权合同中将企业对消费者的生态保护引导和教育等内容纳入控制条款，以形成特点突出、体系完整、规范统一的选择标准，规范指导受许人在三江源的经营活动。二是将受许人需要支付的权利使用费和其他费用按照一定比例设置三江源生态保护与建设基金。三江源生态环境是地区经济社会发展的稀缺资源，是全面发展的根本和保障。在三江源从事经营活动必然或多或少会对生态系统产生直接或间接的损害，虽然生态系统具有一定自我恢复能力，但是更多人类足迹产生的负面影响需要投入技术、人员和设备等要素来维护和改善。因此，将从事三江源高原生态旅游业的企业应将特许经营缴纳的一定费用单独作为生态保护基金，以反哺生态系统的建设与发展。如此，也就确保了三江源高原生态旅游业的健康、可持续发展。

四　促进朝阳产业发展：高原生物和文化产业

三江源独特的自然环境、气候条件及上千年的发展历史，使其具有丰富的高原特色的生物资源，成为世界上独具特色的生物资源库，同时也形成了独具特色的文化传统。依托自然和文化优势，发展高原生物技术和文化产业，不仅可以推进三江源经济社会发展，也可以实现生态经济化和经济生态化的生态经济发展理念，还可以促进青海高原生物技术和文化产业发展。

（一）高原生物产业

为了全面促进青海省高原生物技术产业发展，2013 年青海省人民政府办公厅印发了《青海省贯彻国家生物产业发展规划实施意见的通知》。根据青海省生物产业发展的实际和资源特点，结合国内、国际市场的需求和相关生物技术的成熟程度，提出了青海省重点发展生物医药、生物农业、生物能源、生物环保等相关产业发展较为翔实的发展规划。三江源作为青海高原生物资源重要的供给基地，也同样获得了较大的发展空间。三江源高原生物产业发展在执行全省发展规划的基础上，还应当加强以下两个方面的建设：

1. 科学合理采掘与生物产业链延伸

三江源富集的自然资源成为青海省推进生物产业的重要原材料供应基地。如大黄、藏茵陈、塞隆骨、冬虫夏草、沙棘、白刺、枸杞、罗布麻等野生资源等既是特色中藏药材原料，同时也是高原特色农产品加工的重要原料。但是，仅仅通过简单原材料的供给不能实现产业化发展。因此，围绕优质资源三江源应加大对生物产业链的延伸，以实现从种植、采掘单一化经营模式主向粗、精、深加工多元化经营模式转变。一是集中化种植和科学规范的采挖。针对生物产业发展所需要的各种中藏药、生物农业以及化妆品的原材料供给，开展集中与规模化种植。一方面可以实现对土地资源的集中使用产生规模效益，另一方面可以最大限度地集约节约使用土地、水等各种自然资源，实现在获取经济效益的同时取得生态效益。同时，对于冬虫夏草等天然动植物的采掘，必须严格按照其自然生长和发展规律进行，在保持数量和品质不变的前提下，控制每年采掘规模，避免生态和经济“短视”行为的发生，以确保这些天然动植物赖以生存的生态环境健康发展。二是围绕资源利用，分层次引进企业。随着三江源生物产业的逐渐发展，政府和社会资本、技术不断注入三江源地区，拓展了资源开发利用体系和结构，促进了生物产业链延伸的发展局面。地方政府应根据资源、资源利用和产出物的情况，将引进企业层次划分为不同的序列，此序列应充分体现生物产业链上中下游产品或服务的供给与反馈。引进企业层次越合理，构建起来的产业链也就越完善，对资源的利用率就越高，生态保护与经济发展就可呈现和谐发展的局面。三是提高技术创新能力和水平。提高生产技术是转变生产方式，实现传统经济向生态经济转型的关键环节。提高生产技术创新能力和水平是提高经济效益、生态效益的重要手段和载体，也是全面提高资源开采利用率，降低能耗、拓展产品链条的关键点。青海省和三江源地区的各级政府都应从金融政策、体制机制等方面给予企业技术创新支持，特别是需要通过环境规制、激励等手段促进企业技术创新的积极性和参与性，从而提升企业生产效率，降低环境破坏程度，推进对生物产业的产品延伸，实现自然资源的高效利用。

2. 注重品牌培育与发展

品牌是产生产品附加值的重要手段，也是实现产品获得更大市场发展潜力的重要载体。目前，基于消费者对于三江源优质的生态环境认可，使得其生物产品在全国认知度和美誉度逐渐升高。但是，对于三江源相关企业和产品品牌的知名度不高。同时，没有领袖品牌也使得此产业品牌乱象丛生，在市场次序、品牌保护等方面严重制约和损害了三江源生物产业健康发展的根基。因此，加强三江源生物企业和产品的品牌培育与发展势在必行。

一是加强市场的规制管理。市场是存在着“失灵”现象的，面对此情况需要政府通过建立竞争机制和营造竞争环境等规制手段来规避市场“失灵”，以加强对具有发展潜力的企业和产品品牌的保护。20 世纪 90 年代，以“白唇鹿”品牌为代表的青海牛绒衫发展快速，但是资本逐利的特性使得在“白唇鹿”品牌成长阶段，市场集中出现了几十个不同品牌的竞争对手，但是由于产品质量、服务水平较低，导致国内消费者拒绝青海牛绒衫，这也包括了对“白唇鹿”品牌的抵制，使得刚刚快速成长的“白唇鹿”自主品牌在混乱的市场环境中夭折。混乱的市场环境和市场“失灵”导致“劣币驱除良币”现象的发生，对于地区自主品牌培育影响甚大。因此，青海省、三江源“四州”各级政府有必要针对三江源生物产业发展优势品牌企业和产品，在行业进入（出）规制、行业规范化管理、政策倾向性保护和制度等多方面进行规制和管理，以便形成促进三江源自主品牌的培育与发展所需要的市场环境和市场调控。二是加强对自主品牌建设的激励。根据三江源自主品牌发展阶段、发展潜力和发展优势，对自主品牌在品牌研发、品牌创新、品牌推广等方面给予物质奖励。特别强调的是，应根据不同自主品牌的不同发展阶段采取不同的激励措施，构建起较为完善和丰富的对三江源生物产业品牌培育的激励体系，从而调动起自主品牌不同企业主体的积极性和创造性。三是加强产品质量，夯实品牌发展的基础。三江源自主品牌培育刚刚起步，此阶段是品牌归属于产品的阶段，产品质量是生存与立足之根本。因此，围绕三江源生物资源的企业应将更多的精力放在加强产品质量上，这是赢得市场的重要基础。各级政府应尽快构建产品认证、完善产品服务等有关产品质量的体系，加强企业在产品生产等环节的质量监管。同时，企业应该扩大产品质量的概念，在加强产品功能质量的同时应注重对产品定位、产品包装、销售服务等各环节内容，以形成产品质量全面的管理体系。

（二）高原文化产业

三江源地区文化资源类型丰富，资源价值珍贵，表现形式多样，地域特点突出，具有高原文化遗产的原真性、活态性和完整性。2008 年国家文化部正式批准将地处三江源地区的黄南州热贡地区设立为继闽南、徽州之后的我国第三个文化生态保护试验区——文化生态保护区。2014 年青海省财政厅关于印发《青海省文化产业发展专项引导资金使用管理办法》的通知，并在安排下达省级文化产业发展专项引导资金 1 亿元，通过安排政府购买服务等方式，重点支持具有比较优势、带动能力强、成长潜力大的产业项目。同年，青海省人民政府发布了《关于印发青海省推进文化创意和设计服务与相关产业融合发展行动计划（2015—2010 年）》的通知。这些举措为三江源高原文化产业发展提供了最好的发展机会。

1. 加强对文化产业的引导和监管

一是统筹规划，合理开发。本着文化生态保护优先，产业开发为文化生态保护让路的原则制定文化产业开发规划。引导文化产业有计划地、适度地、科学地开发，力争寻求产业发展和文化生态保护之间的平衡点，实现经济效益和社会效益的共赢。二是强化对文化市场的监管。政府出台行之有效的法律法规，强化文化市场监管，规范文化产品经营方式，保证文化产品质量，防止非法竞争，杜绝违背文化原真性的假冒伪劣产品进入市场，形成开放、统一、竞争有序的文化产业市场。

2. 增加资金投入，拓宽融资渠道

一是加大省、州两级政府保护资金投入力度。将文化保护工作纳入省、州公共文化服务体系，将文化保护的专项资金列入省、州财政预算，并有效监督保护资金的投入和使用，做到专款专用。重点加强对文化传承人和濒危名录的资金补助和生产性保护项目以及一些重大文化活动的资金支持。加大对传承基地建设和宗教建筑场所，以及一些毁坏严重的古城堡、古城墙和一些自然塌陷或人为破坏的古民宅等的修缮项目的资助力度。二是构建融资渠道多元化体系。文化产业发展具有较强的特殊性，除了政府主体外还需要发挥、调动社会各种力量，通过捐赠、赞助和建立基金等方式开展文化保护、发展和推广等活动，以争取吸引更大范围、更多资金投入。

3. 重视文化传承人才的培养和扶持

一是建立合理可行的传承机制。首先在三江源文化产业较为集中的地区如黄南州建立文化教育培训基地。通过老艺人授课、带徒授艺等方式培养接班人，形成文化传承老中青梯队。其次加大与高校合作的力度，除通过与省内外高校合作开展热贡艺术专业的人才培养外，还可充分利用省内外的培训资源，根据各文化项目对传承人的需求量和需求程度进行不同类型、不同层次、不同期限的个性化培训。二是加大对文化专业人才的扶持力度。建立适合三江源地区的传承人保护制度，明确传承人的地位，在技能传授、生活补贴、设备更新等方面给传承人更有力的资助；在社会地位、经济保障、专业技术资格等方面加强对传承人的政策支持和制度保障，特别是对濒临消亡的文化项目的传承人应给予特殊的政策关照；对那些经济效益较低而文化价值较高项目的传承人给予重点扶持和保护，以发挥他们在文化活态性保护中的关键作用。

第三节　三江源生态经济系统耦合的市场模式

三江源地区特有的资源稀缺性、独特性决定了三江源生态经济系统耦合过程中不能走传统经济市场模式，而是要按照稀缺资源原理，探索传统市场加稀缺市场的新模式。

一　生产模式：以生态能力定经济效益

（一）生态能力

生态经济系统的根本矛盾是人类经济社会活动超越了生态系统供给和承载能力。国内外学者对于此问题的研究主要集中体现在生态承载能力、生态力等方面，此类研究重点关注的正是生态系统对经济社会发展承载等方面的能力。基于生态经济学、生态学等学科，本研究认为生态能力是生态系统具有的自然能力和推动经济社会发展能力的总和。生态自然能力是生态系统自身发展过程中所表现出来的能力，是指在生态系统中各种自然要素之间在信息流、物质流和能量流等方面的交互与转化，并通过系统要素间相互作用与影响等活动，以实现生态经济系统的平衡与发展的能力。生态经济社会能力是指生态系统通过经济系统中的要素，如人、技术、体制机制和制度等载体的作用，实现生态系统自然能力转化为推动、促进经济社会发展能力。这种转化是生态系统要素与经济社会系统要素之间的物质流、能量流、信息流和价值流的相互作用与影响。因此，生态能力是生态系统的一种综合能力，包括自然能力和经济社会能力两种能力，主要包括生态承载能力、促进生态经济能力、生态平衡能力、生态恢复能力、生态辐射能力、生态消费能力、生态发展能力等多方面综合的能力。

三江源生态经济系统耦合过程中，既要关注其生态自然能力，也要关注其推进经济社会发展能力。三江源生态自然能力决定了对其生态系统开发利用的程度，也是其经济社会发展能力最为重要的基础。因此，三江源生态经济系统耦合过程中实现生态系统与经济系统均衡可持续发展应注意两方面内容：一方面，在三江源生态自然能力范围内合理科学地开发与利用生态系统中的各种资源，确保开发利用不损害、不超越生态系统的自我恢复、平衡能力。这是三江源经济系统增长的前提条件。另一方面，注重三江源生态自然能力转化为经济社会能力的科学性，通过技术、制度等手段提升其生态自然能力，进而提高经济发展的水平。因此，提高生态自然能力和经济社会能力是促进三江源生态经济系统良性耦合的重要保障。

（二）生态能力决定经济效益

1. 生态能力决定经济发展方式

由于三江源生态系统脆弱，其生态能力也显得格外脆弱。在三江源一期保护和建设工程实施前期，由于畜牧过载已经对生态系统产生较大的负面作用。虽然经过10余年的努力，三江源生态系统得到较大恢复，但是其脆弱特性仍然较强。因此，以工业为主体的传统经济发展方式与三江源生态能力严重不符。三江源生态经济系统良性耦合，需要以生态经济化与经济生态化并重的生态经济为主要经济形态，在以生态系统能力前提下，发展生态经济，彻底改变经济的发展方式。这是实现三江源地区健康可持续发展的最重要，也是最根本的保障。

2. 生态能力决定经济发展规模

三江源的生态能力特别是土地、水等主要资源承载能力是决定其经济发展规模的根本约束条件。在历史发展过程中，三江源已经经历过由于经济规模超越生态能力时所带来的严重后果，如超载过牧导致草原生态子系统受到严重破坏，鼠害、水土流失等不断加剧，而且经济也由初期的快速增长到停滞增长再到衰退，最终导致生态系统与经济系统是“两败俱伤”。目前，通过项目、政策和技术等手段虽然提升了三江源生态能力，也提升经济发展规模。但是，我们需要注意的是经济发展规模仍然不能超越其现阶段生态能力的边界。也就是说，无论任何发展阶段三江源生态能力的边界就是其经济效益规模的最大边界。

二　销售模式：以产定销

基于三江源生态能力的限制，其经济规模是有限的而不是无限的。同时，由于三江源独特的高原生态系统，其稀缺性与脆弱性都使得无论是生物产业还是文化产业等产品不能以采取市场为导向的销售模式，而是要以地区产品产量为导向的销售模式。

（一）以产定量

三江源生态系统能力和资源的稀缺性都决定了三江源产品具有较强的稀缺性。这种稀缺性不能以市场需求为导向进行产量的确定，而是需要根据三江源生态承载能力等确定产量的大小，以确保生态系统健康发展和经济系统合理适度发展。如牧区每年的牦牛和羊的出栏量不是市场需要多少就饲养多少、出栏多少，而是要根据草地系统承载能力来确定其产量多少。同样，三江源文化产品的国内外市场需求量同样很大，但是却不能以此批量、规模化生产，主要原因就是三江源藏文化绝大多数产品都需要经过严格的手工工艺的过程，这种过程就是三江源历史文化和艺术文化内涵体现，采取的规模化和产业化的生产方式必将是其文化价值大大降低。因此，三江源地区围绕主要生态和文化资源生产的产品均要在尊重其内在发展规律和保护其健康发展的基础上来确定产量大小和规模。

（二）以产定价

围绕三江源有限资源展开的各种产品以产定量将进一步提

高产品的稀缺性。这种稀缺性价值的体现不能通过市场需求来决定，而是需要根据三江源在保护好生态系统的前提下，即生态能力范围内可以接受的产量规模来确定。三江源的牦牛肉、冬虫夏草、生态旅游等产品是一种无法替代的原生态产品，市场需求巨大。产品价格是其价值的体现，而这个价值不仅来自市场稀缺，还来自其独特性。因此，采用传统的市场定价机制不能全面反映其内在价值。体现三江源产品全面价值，需要围绕以产定价开展多种形式的价格策略。本研究针对三江源稀缺性较强的产品应采用“拍卖”方式进行市场定价。荷兰的阿斯米尔鲜花拍卖市场与荷兰鲜花拍卖市场是荷兰每天最早起的两个城市，也是荷兰最大的两个鲜花拍卖市场。荷兰的鲜花拍卖遵循“荷兰式拍卖”规则，拍卖采用表盘式无声拍卖，涨价降价交替进行，由荷兰人发明，因此称为“荷兰式拍卖”，是现代化的减价拍卖形式。广东增城西园挂绿荔枝有一株名为“西园挂绿”的荔枝树，已有400岁高龄。每年只结几颗或几十颗荔枝。当地政府将其中的十颗拿出拍卖，得银31.80万元[①]。再次拍卖，仍为十颗荔枝，行情看涨，竟拍得131.5万元，其中最贵的一颗居然以55.5万元成交。所以，稀缺性较高的产品采用以产定价不仅不会降低生产者的收益，反而是保障了产品的稀缺性和价值的体现。

---

① 新快报，《荔枝拍卖连破吉尼斯纪录　一颗荔枝卖了55.5万元!》，http://news.sohu.com/73/21/news201962173.shtml，2002年7月2日。

三 经营模式：行政许可+特许经营

文中上一节，本研究就促进三江源高原生态旅游业中针对旅游企业的选择提出了行政许可加特许经营的模式进行选择。这思路可以贯穿于进入三江源所有行业的企业选择。《中华人民共和国行政许可法》第二章第21条第2款明确提出，对有限自然资源开发利用、公共资源配置以及直接关系公共利益的特定行业的市场准入等，需要赋予特定权利的事项可设定行政许可。青海省政府可以通过行政许可的方式设定三江源相关产业企业的准入门槛，除了反映企业自身能力水平外，更为重要的是专门设置具有较强生态保护意识、能力和责任感的企业选择条件。同时，通过行业及产品的标准规制、培育具有良性竞争的市场环境，从而促进三江源市场主体和行业的健康发展。在此基础上，通过几年的时间将会培育出具有较强竞争力的企业龙头，提高行业集中程度。此时，便可以采用特许经营的方式扩展经营主体，并形成符合三江源生态系统和经济系统良性发展的标准、体系和要求。“行政学科+特许经营”的经营模式，不是简单地限制企业的入驻，而是基于三江源生态系统能力对企业能力、企业规模和企业效益进行选择、培育、壮大的发展全过程的重要保障措施。

四 管理模式：多主体共管

三江源生态经济系统耦合过程中涉及政府、企业和公众多个不同主体，各个主体在系统耦合过程中也承担着不同的角色作用和职责。政府应强化对生态保护与建设、生态经济行业培育与发展的顶层设计和行业规制作用；企业改变生产方式，其生产行为要严格尊重生态系统发展规律；公众积极参与生态保护与经济发展全过程，并起到监督等作用。

（一）政府宏观调控

三江源生态经济系统耦合中的三个主体中，政府主体行为始终以具有加强的权威性、约束性和广泛性而体现出巨大的作用力。因此，针对三江源生态经济系统中生态系统与经济系统耦合与可持续发展的目标与要求，青海省各级政府应围绕三江要素生态经济系统良性耦合在制度供给、政策设计、秩序维护等方面展开科学合理的顶层设计。青海省政府的顶层设计应重点围绕以下两方面内容：一是根据三江源生态系统中各个子系统的生态能力，对生态系统进行保护与建设的设计，主要包括通过统筹生态建设、政策构建、法律制度完善、生态经济市场培育等方面进行制度、政策和发展规划的设计与实施，以加强对全社会不同主体的约束和引导。二是加强政府职能部门履行职责能力的调控。由于政府职能部门有着不同的利益诉求，也直接或间接地影响着职能部门在制度、政策、法规等方面体系的供给。这些内容是否符合三江源生态经济系统良性耦合的需要，是否能正确引导企业和民众行为的合理，都取决于政府及职能部门的利益诉求。若政府利益诉求不当就会引导三江源生态经济、生态建设等方面出现政策与管理等方面的失灵，从而使得三江源生态经济、生态保护等工作的方向、方式与生态经济系统耦合目标出现偏差，导致其生态经济系统耦合不均衡与不和谐。因此，政府需要在目标设定、制度建设、决策体系等方面形成体系一致、要求一致和沟通顺畅的机制，确保各个职能部门对三江源生态经济系统耦合的决策与执行协调统一。

（二）企业自律表率

三江源地区入驻企业在生态经济系统耦合中，在追逐经济利益的同时不能放弃生态效益，两者不可偏颇。实现这两个目标：一方面，需要政府通过各项制度和政策加强对其行为的规制和责任的强化，减少企业在经济利益获取时对生态系统的损害，实现两个系统均衡、和谐发展。另一方面，更需要加强自我生态道德和责任感的自律与表率作用。这就要求企业主动、自觉地承担生态经济市场培育、产品生态化和生态标准的执行等职责。企业自律可以通过以下两个主要方面来实施。一是改变企业污染治理模式。加强对企业生态环境保护知识、责任意识和能力的培训与培养，从思想和理念上形成生态经济发展的认知。同时，通过科学合理的命令型环境规制在排污许可证、技术标准、排污标准等方面给予规制；通过市场激励型环境规制手段激励企业主动适应环境规制要求如污染税、可交易许可证等。通过两种类型环境规制方法：一方面加大了企业生态保护责任，约束了企业生产行为，促进了企业生态环境保护意识和投入；另一方面，又能提高企业经济效益，增强企业适应规制主动性，以促进三江源生态经济耦合目标，最终实现企业主动由传统的末端治理模式转变为源头治理模式。二是大力鼓励企业技术和管理创新。各级政府应通过补贴、奖励等政策措施，加大对企业技术和管理创新的奖励力度，特别是企业在环保、生态经济、循环经济等方面涉及绿色生产技术和低碳管理手段等内容的创新项目与活动，在政策和物质奖励方面给予倾斜，以降低企业生产加工的生态化成本，提高企业的积极性和主动性，为企业可持续发展构建良好的发展环境。

（三）公众主体作用

生态经济系统耦合中，公众是最为重要的主体，也是地区生态利益的直接相关者。公众的意识觉醒使其不仅成为生态经济系统耦合的重要参与者，同时他们还对政府和企业在此过程中的行为起到监督者的作用。发挥公众的主体作用：一是将公众纳入政府政绩考核的主体。在三江源地区生态保护和建设过程中，很多农牧民为了支持国家生态项目实施、政策的落实，不得不放弃、牺牲原有生活生产方式和生存空间而成为生态移民。这种牺牲使他们成为生态利益的直接相关者，他们关心保护生态、建设生态带给他们眼前和未来的利益价值。政府需要为他们的放弃和牺牲而更加努力，而他们也成为最有权力监督政府管理活动的监督者。因此，将三江源地区的公众纳入政府和领导干部政绩考核的主体将会起到重要的监督作用。二是建立生态保护与经济发展决策的专家论证、社会评议制度及反馈机制。青海省、三江源地区的各级政府和环保职能部门在环境立法、生态经济发展等重要项目的事项中，应积极采取听证会、网络媒体等多种形式载体，将专家和社会不同群体的意见和建议纳入决策事前、事中和事后的监督主体，并形成定期或不定期的评议制度，以实现对三江源生态系统与经济系统发展全过程的参与和监督。同时，构建政府与公众之间反馈机制。政府应采取新闻发布会、平面媒体、网络媒体等多种形式、多种渠道将生态系统与经济系统发展情况及时反馈给社会公众，征求意见和建议，激励公众参与的积极性，甚至是创造性。三是尽量保持三江源牧民原有的生活生产方式。三江源有稀缺的自然资源，同时三江源还有上千年牧民的游牧生活生产方式与宗教信仰。这两个方面均强调人对自然的敬畏，人与自然的天人合一，只有这两方面得到延续与发展，才能完整地构建起三江源的稀缺性和独特性。让牧民传承宗教和生活生产方式是对本地民众最大的支持和尊重，也是推进三江源生态经济系统实现良性耦合的重要社会系统支持。尊重与包容，发挥三江源民众主体作用的基础；完善与发展，激发他们在地区发展中对各项决策制定、政策执行的参与性和积极性。

第六章

三江源生态经济系统耦合风险管理机制

由于生态经济系统中生态、经济和社会子系统存在内在运行和发展规律的差异性，各个子系统在耦合过程中总是存在着各种风险和危机。其中，经济子系统的“增长型”机制与生态子系统“稳定型”机制之间造成的矛盾，即经济增长超出了生态系统能力范畴，使得生态经济系统呈现不可持续发展的趋势。这种矛盾也造就了生态经济系统耦合过程中的最大风险。本书在第五章中提出了生态系统具有生态能力包括自然能力和推动经济社会发展能力，因此在以经济系统的能动性、增长型和生态系统的被动性、稳定型特性的前提下，生态经济系统耦合过程中生态自然能力边界大小就成为衡量与控制风险的主要因素。目前，生态自然能力边界相关研究主要围绕生态足迹（生态承载能力），且研究成果较为完善和成熟。本章将以生态能力中生态足迹为手段，对三江源生态经济系统耦合过程中的风险进行评估，以建立对其风险监控机制。

第一节　生态足迹模型

一　生态足迹内涵

1921 年，美国科学家 Park 和 Burgess 首次在生态学领域中应用了生态承载力的概念，即在某一特定环境条件下（主要指生存空间、营养物质、阳光等生态因子的组合），某种个体存在数量的最高极限。生态承载力概念的提出是基于生态系统供给能力，但是由于研究方法和体系的不完善使得其运用还存在较大难度。1992 年，加拿大大不列颠哥伦比亚大学规划与资源生态学教授 Willian E. Rees 提出“生态足迹”也称“生态占用”（Ecological Footprint，EF），一种衡量人类对自然资源利用程度以及自然界对人类提供生命支持服务功能的方法。生态足迹的提出为生态承载能力研究提供一个新的视角。生态足迹是人类对生态系统的需求，而生态承载能力是生态系统供给能力的反映，二者构成一种供求关系。因此，通过区域生态足迹的计算便可以得到生态承载能力，以判断地区生态系统处于生态赤字还是生态盈余状态。

生态足迹是自然生态系统为人类生存与发展消费提供各种商品和服务，以及对人类生存和消费所产生的废弃物吸纳和容量，而所需要占用的具有生产能力的土地或水域等。其内涵表现在：生态足迹是一种测量人类对生态系统服务的需求与生态系统所能提供服务之间差距的方法。这种差距出现生态赤字的时候，就意味着人们的经济活动，如生产与消费等需要均超越了生态系统承载能力的范围，此时的生态经济系统则会出现不均衡、不可持续的发展态势。国内外机构、学者对于生态足迹的研究，主要是通过对区域能源和资源的消费情况转化为提供这种物质流所需的生物生产土地面积，与区域所能提供的生态生产性土地面积进行比较，以判断区域生产消费活动是否在生态系统承载能力范围内提供定量的依据和支撑。生态足迹的测量范围可以是任何一个区域，其大小直接或间接受到地区生态资源基础、经济发展水平、人口规模素质、技术运用创新等因素的影响。

二　生态足迹的相关概念

1. 生态生产性土地

生态生产也称生物生产，是指生态系统中的生物从外界环境中吸收生命过程所需的物质和能量，并转化为新的物质，从而实现物质和能量的积累。生态生产性土地是指具有生态生产能力的土地或水体。根据生产力大小的差异，地球表面的生态生产性土地可分为六大类：化石能源地、可耕地、牧草地、林地、建设用地和水域。生态足迹模型分析的指标体系均基于生态生产性土地概念而定义的。

2. 均衡因子与产量因子

由于以上六种类型的生态生产性土地的生态生产力存在差异性，为了使六种不同类型的生态生产性土地转化为在生态生产力上等价，人们设置了一个系数，即均衡因因子。产量因子也称生产力系数，它是将区域同类生态生产性土地转化为可比面积的一个参数，是某一区域的某类土地的平均生产力与世界同类平均生产力的比率。例如，某地区牧草地的产量因子取1.31，表明此地区牧草地的生物产出率比世界水域平均产出高31%。

3. 生态承载力、生态盈余与生态赤字

生态承载力是指一个区域生态系统能够提供给人类的生产性土地的面积总和，用于表征该地区的生态容量。生态盈余是指某区域生态承载力与生态足迹的差值为正值，表明该区域生态系统能够满足人口消费需求。生态赤字是指谋求与生态承载力与生态足迹的差值为负值，表明该区域人类生产生活超越了生态系统生态容量，已经不能够满足人口消费需求，这要求该区域要么从地区之外进口欠缺的资源以平衡生态足迹，要么通过消耗自然资本存量来弥补供给流量不足。

三　生态足迹模型简介

生态足迹模型是基于静态指标条件下的一种测算方法，即在特定的时间和区域内人口数量、消费水平条件下，测量人类对生态系统资源利用程度的方法。计算生态足迹各项资源消费是以 gha（global hectare）为单位的土地，即“全球性公顷”。一个单位的“全球性公顷”相当于一公顷具有全球平均产量的生产力空间。某区域生态足迹具体计算步骤如下：

各种消费的人均生态足迹分量：

$$A_i \frac{C_i}{Y_i} = \frac{P_i + I_i - E_i}{N \times Y_i} \tag{6.1}$$

其中：i 为消费项目的类型，$i=1, 2, \cdots, n$；

A_i 为第 i 种消费项目折算的人均生态足迹分量（公顷/人）；

C_i 为第 i 种消费项目的人均消费量；

Y_i 为生产第 i 种消费项目的年平均产量（公斤/公顷）；

P_i 为第 i 种消费项目的年生产量；

I_i 为第 i 种消费项目的年进口量；

E_i 为第 i 种消费项目的年出口量；

N 为区域总人口。

2. 生态足迹计算

$$ef = \sum R_j \times A_j = \sum R_j \times \frac{P_i + I_i - E_i}{N \times Y_i} \tag{6.2}$$

其中：$i=1, 2, \cdots, n$；$j=1, 2, \cdots, 6$；

ef 为人均生态足迹（公顷/人）；

R_j 为第 j 类土地的均衡因子；

于是，生态足迹的计算公式为：

$$EF = ef \times N \tag{6.3}$$

3. 生态承载能力计算

由于不同区域的生态系统发育和发展情况不同，资源禀赋程度不同，不仅在生态生产能力方面存在较大差异，而且单位面积同类型生态生产性土地面积的生态生产能力也存在较大差异。基于此，不同区域同类生态生产性土地面积不能直接进行对比，需要对不同类型土地面积进行调整，其与世界平均产量的差异可用产量因子来进行校正。根据世界环境与发展委员会的报告，在生态承载力计算式还应扣除12%的生物多样性保护面积。

因此，区域人均生态承载能力计算公式为：

$$ec = A_j \times B_j \times Y_j \tag{6.4}$$

其中：$j=1, 2, \cdots, 6$；

ec 为人均生态承载能力（公顷/人）；

A_j 为人均生态生产性土地面积（公顷）；

R_j 为均衡因子；

Y_j 为产量因子。

因此，区域总生态承载力计算公式为：

$$EC = ec \times N \tag{6.5}$$

其中：EC 为区域总生态承载力；N 为区域总人口。

4. 生态盈余与生态赤字计算

区域生态足迹超越了生态承载力就会出现生态赤字，反之则出现生态盈余。计算公式如下：

$$ED = EC - EF \tag{6.6}$$

$$ER = EF - EC \tag{6.7}$$

其中：ED为生态赤字，ER为生态盈余。

区域的生态赤字或生态盈余都反映了区域人口对自然资源的利用情况，即区域经济系统对生态系统利用情况。因此，生态足迹模型可以用来反映生态经济系统耦合过程中经济系统发展的规模和速度是否合理与科学。当出现生态赤字，即表明区域经济系统发展过程中对于生态系统过度开发，使得生态系统遭受破坏，这也意味着生态经济系统耦合风险的出现。

第二节　三江源生态足迹计算与分析

一　数据来源

本研究在计算三江源生态足迹中使用的基础数据主要来自三个方面：一是三江源四州的统计年鉴；二是在相关地区和职能部门调研时获取的数据；三是青海统计信息网及网络资料。

二　均衡因子和产量因子确定

本研究在计算三江源生态足迹中对于均衡因子采用 2004 年世界自然基金会生态足迹均衡因子估计值。同时，由于三江源地处青藏高原，其土地净初级生产力和生物量约为大陆水平的 1/6 和 1/21，因此对于三江源生物生产均衡面积产量因子定为 Wackemage 计算中国生态足迹采用值的 1/6。详见表 6. 1。

表 6. 1　　生物生产性土地均衡因子和产量因子

	可耕地	草地	林地	水域	化石燃料用地	建设用地
均衡因子	2. 19	0. 48	1. 38	0. 36	1. 38	2. 19
产量因子	0. 20	0. 15	0. 06	0. 17	0. 00	1. 64

三　计算运行

（一）生态资源生态足迹计算

通过对三江源“四州”统计年鉴相关数据的归纳与梳理，可获得2014年三江源地区所需生物资源量，见表6.2。根据公式（6.1）和公式（6.2），并利用全球生物资源的平均产量，即可计算出2014年三江源生态足迹和人均生态足迹。2014年末，三江源“四州”人口为1324333人。

表6.2　**2014年三江源生物资源生态足迹**

生物资源	全球平均产量（吨/公顷）	三江源总消费量（吨）	三江源总生态足迹（公顷）	三江源人均生态足迹（公顷/人）	土地类型
粮食	2.744	69969	25498.91	0.0193	可耕地
蔬菜	18.000	87200	4844.44	0.0037	可耕地
油料作物	1.856	38701	20851.83	0.0157	可耕地
猪肉	0.457	4976	10757.11	0.0081	可耕地
牛羊肉	0.066	158063	2394893.94	1.8084	草地
蛋禽	0.433	1447	3341.80	0.0025	草地
牛奶	0.502	153991	306754.98	0.2312	草地
羊毛	0.015	8418	561200.00	0.4238	草地
水果	3.500	3750	1071.43	0.0008	林地
水产品	0.029	2000	68965.52	0.0521	水域

（二）能源资源的生态足迹计算

通过对三江源“四州”的统计年鉴相关数据，归纳梳理出2014年三江源能量消费量，见表6.2。根据公式（6.1）和公式（6.2），并利用全球平均能源足迹和折算系数，计算出2014年三江源能源资源生态足迹和人均能源生态足迹，在此基础上对生态生产性土地同一类型的人均生态足迹进行汇总。详见表6.3。

表6.3 **2014年三江源能源资源的生态足迹**

能源类型	总消费量（吨标准煤）	折算系数（吉焦/吨）	人均消费量（吉焦/公顷）	全球平均能源足迹	人均生态足迹（公顷/人）	土地类型
煤炭	415153.5	29.3	9.185	55	0.1670	化石燃料用地
石油	9247.73	29.3	0.2046	93	0.0022	化石燃料用地
天然气	18915.81	29.3	0.4185	93	0.0045	化石燃料用地
电力	795503.78	29.3	17.6	1000	0.0176	建设用地

（三）人均生态足迹合计

根据不同生态生产性土地类型的均衡因子，对人均生态足迹进行调整，以获得各类生态生产性土地的人均生态足迹。三江源人均生态足迹合计详见表6.4。

表6.4 **2014年三江源人均生态足迹合计**

土地类型	人均生态足迹	均衡因子	调整后人均生态足迹
可耕地	0.0468	2.19	0.1025
林地	0.0008	1.38	0.0011
草地	2.4659	0.48	1.1836

续表

土地类型	人均生态足迹	均衡因子	调整后人均生态足迹
水域	0.0521	0.36	0.0188
建设用地	0.0176	2.19	0.0385
化石燃料用地	0.1737	1.38	0.2397
合计	1.5842		

（四）三江源人均生态承载力计算

根据第三章第一节相关数据可以计算出各类生物的生产面积并进行汇总，再通过公式（6.4），可获得按照国际平均生态标杆计算的三江源人均生态承载力。详见表6.5。

表6.5　　2014年三江源人均生态承载力

土地类型	人均面积（ha/cap）	均衡因子	产量因子	人均生态承载力
可耕地	0.0583	2.19	0.2	0.0255
林地	1.7820	1.38	0.06	0.1476
草地	19.792	0.48	0.15	1.4250
水域	1.3199	0.36	0.17	0.0808
建设用地	0.0185	2.19	1.64	0.0667
合计	1.7456			
生物多样性保护	0.2095			
调整后人均生态承载力	1.5366			

（五）三江源人均生态赤字/盈余计算

根据公式（6.6）可计算出三江源人均生态赤字。详见表6.6。

表 6.6　　　　2014 年三江源人均生态赤字

项目	可耕地	林地	草地	水域	建筑用地	化石燃料用地	合计
人均生态足迹	0.1025	0.0011	1.1836	0.0188	0.0385	0.2397	1.5842
人均生态承载力	0.0255	0.1476	1.4250	0.0808	0.0667	0.000	1.5366
三江源人均生态赤字	$ed = ec - ef$			-0.0476			

通过表 6.6，我们可以判断出，2014 年三江源人均生态足迹超越了人均生态承载能力，虽然超越的程度不大，但是生态系统仍然反映出不能完全容纳人类的生态生活对生态环境的影响。

（六）2007—2014 年三江源生态足迹和生态承载力变化情况

根据以上计算过程，可以计算出过去的 8 年中三江源人均生态足迹和人均生态承载力的变化情况，即可以得到三江源人均生态赤字的变化情况，具体见表 6.7。

表 6.7　　2007—2014 年三江源人均生态赤字变化情况

项目＼年份	2007	2008	2009	2010	2011	2012	2013	2014
人均生态足迹	1.3461	1.3535	1.3888	1.4190	1.4321	1.4479	1.4758	1.5842
人均生态承载力	1.3933	1.4357	1.4511	1.5077	1.5143	1.5201	1.5278	1.5366
人均生态赤字/盈余	0.0472	0.0822	0.0623	0.0887	0.0822	0.0722	0.0520	-0.0476

（七）结果分析

1. 三江源人均生态足迹和生态承载力结构说明

基于表 6.4 的数据，绘制统计图形，结果如图 6.1 所示。由图 6.1 相关数据反映出，三江源地区的草地、化石燃料用地和可耕地占比分别达到了 75%、15% 和 7%，三者共占到了 97%，此三者特别是草地的生态足迹较高。这反映出当地民众消费所依赖的生物生产性土地类型主要是草地、化石燃料用地和可耕地。这与三江源地区区情现状基本一致。

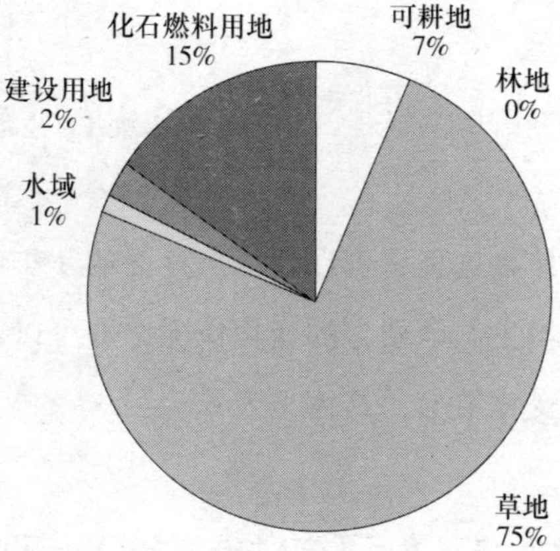

图 6.1　2014 年三江源人均生态足迹构图

基于表 6.5 绘制统计图，结果如图 6.2 所示。根据图 6.2 相关数据可以分析出，草地和建设用地是三江源人均生态承载力的主要承载体，分别达到了 63% 和 26%，两者合计为 89%。这已说明三江源居民生活供给的主要来源为草地和建设用地。

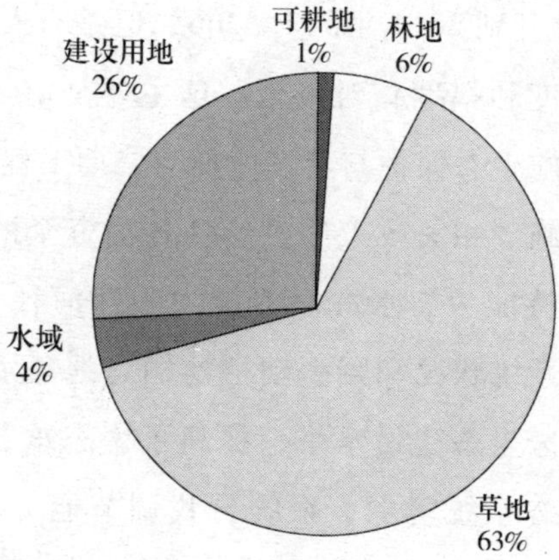

图 6.2　2014 年三江源人均生态承载力构图

2. 三江源人均生态足迹、生态承载力和生态赤字/盈余变化趋势分析

通过表 6.7，我们可以清楚地分析出，过去的 8 年中三江源地区的生态足迹呈现不断上升的趋势，同时生态承载力也呈现增长的态势。人均生态足迹从 2007 年的 1.3461 上升到 2014 年的 1.5842。这种局面的发生，一方面说明了近 8 年中随着三江源人们生活水平的提高，人们的消费需求也呈现不断增长的局面，提高了对自然资源如草地等开发利用程度；另一方面说明，由于三江源地区经济社会呈现较快发展趋势，特别是经济结构中工业增长速度较快，导致地区经济发展对生态系统中的各种自然资源如土地等依赖程度也不断加强。这种情况也与三江源现实发展局势是相一致的。同时，过去的 8 年中三江源

生态承载力也呈现不断提升的趋势，人均生态承载力从2007年的1.3933上升到2014年的1.5366，但是与人均生态足迹相比，其增长速度和幅度相对较低。这主要是由于，从2005年三江源地区实施生态保护与建设一期与二期工程后，通过多种生态项目的实施、相关政策的供给和各类资金的投入等措施，地区的水土保持能力、水源涵养能力和江河径流量稳定性增强；湿地生态系统状况和野生动植物栖息地环境明显改善等，全面加强了地区生态建设水平，提高了生态承载能力。但是，由于三江源生态系统脆弱，系统自我调节能力和恢复能力不强，在前期生态系统遭受一定损害的情况下即使在外界帮助下，三江源地区的生态系统恢复过程的速度相对仍然较慢，特别是与地区经济社会发展速度相比则更慢。因此，从2007年到2014年期间，虽然人均生态承载能力和人均生态足迹都呈现增长的态势，但由于此两者增长率不同，从2011年至2014年，三江源地区人均生态盈余不断下降，最终在2014年出现了生态赤字。这种发展趋势也不断提醒我们，目前三江源经济社会发展模式对生态环境已经产生了不良影响，致使地区生态经济系统发展存在较大隐忧。以上结论与第三章对三江源生态经济系统发展现状相一致。

第三节　三江源生态经济系统耦合风险分析与管理

通过上节对三江源地区生态足迹和生态承载力的研判，我们可以清晰得到目前三江源地区已经出现生态赤字的结论。生态赤字的出现也意味着生态系统与经济系统在耦合过程中出现各种不当，存在着一定的风险。造成风险的根本原因是经济和社会系统发展中对生态系统的过度索取，超越了生态系统的承载能力，从而产生了各种生态风险。

一　生态风险周期

（一）生态风险定义

目前，国内外学者对于生态风险的定义并未形成统一的认识。目前，国外研究以美国国家环保局为代表，他们认为生态风险（Ecological Risk，ER）其内涵是指在一定区域内各个生态元素所承担的可能发生的破坏作用所带来的风险，这些破坏作用可能会造成生态要素的减少或者消失。从而危害整体生态区域的健康和安全。区域生态环境受到外界的影响，从而减少了其健康、美观、生产能力部分或全部功能的可能性。[①] 同时，以美国环境保护局（USEPA）为首的管理机构及科研单位对生态风险评价的技术框架体系和应用实践进行了一系列研究，并于1992年制定了第一个生态风险评价工作大纲指南，并于1998年正式颁布生态风险评价指南，指导开展大量不同生态系统的风险评价实例研究。相比欧美国家的生态风险研究，我国对此方面的研究还处于初级阶段，尚不足以成为管理

① USEPA. Guidelines for Ecological Risk Assessment. FRL－6011—2，1998.

决策的基础。但是国内许多学者对环境风险评价和生态风险评价的理论及方法进行了较为广泛且有益的探讨，研究尺度扩大到区域层面，研究方法多样，程序严谨，形成了一定的生态风险评价体系，相关研究主要集中在地球化学环境风险、健康与环境风险、区域与流域生态风险评价等方面。

本研究基于管理学、生态学和生态经济学的基础上提出生态风险定义。生态风险是指生态经济系统耦合过程中总是伴随着生态系统与经济系统要素之间的交互、各个系统内在要素之间的交互。两个系统中在各种要素之间、系统与要素之间和系统与系统之间的发展方式、发展规律和发展需求存在的不同，会导致系统间产生各种冲突。当这种冲突发展到一定程度并对生态系统的运行、结构变化产生压力较大和影响时，就演变成为生态系统的生态风险。生态赤字就是这种冲突的外在表现形式之一。生态风险具有狭义和广义两个层面的内涵：狭义的生态风险是指生态系统压力较大时，已不能承受此压力而导致生态系统遭受破坏的事件。广义的生态风险不仅包含了狭义生态风险定义，同时还包含在生态系统自身运行以及生态系统与经济和社会系统之间的相互作用过程中，已经存在的但还没有表现出来的各种潜在的危机和风险。潜在、隐藏的风险因素虽然还没有表现出来负面结果，但是仍然会直接或间接影响着生态系统的发展。当这种潜在风险达到一定量级后，便会导致风险事件的爆发，如世界“八大公害事件”，造成对人类健康的损害和生态环境的破坏。这个过程就是潜在风险到风险爆发，即风险量变到质变的动态变化过程。因此，对于生态风险，我们不仅要关注爆发的事件，更要密切关注生态系统内在的、潜在的风险和危机。

（二）生态风险的动态特征

生态风险的产生是由于生态系统与经济社会系统相互作用与耦合过程中各种不确定因素变化而产生的。因此，生态风险不是以静止的方式存在，它会随着生态与经济社会系统内在变化与外部相互作用关系而呈现动态性。这种动态性体现在生态风险的生态周期。1986 年，史蒂文·芬克出版了《危机管理：对付突发事件的计划》一书，首次提出了危机的生命周期理论，是指危机因子从出现到处理结束的过程中，有不同的生命特征。它有五个阶段：危机酝酿期、危机爆发期、危机扩散期、危机处理期和后遗症期。生态系统与经济系统耦合过程也存在这样或那样的危机或风险，其特性满足以上基本理论体系。基于此，本研究提出生态风险生命周期，即生态系统风险发展过程呈现出如同生命一样的周期过程，风险潜伏期、风险成长期、风险爆发期、风险衰退期。一般情况下，在生态系统与经济耦合过程中，生态系统的风险不必经历全部周期过程，可以实现在风险爆发前通过对生态系统能力提升和经济系统发展方式转变来实现对其管理和控制，以实现生态系统与经济系统的可持续、和谐发展。生态风险生命周期理论说明了生态风险存在着循环性，风险的发展规律是从低级形态向高级形态发展，但是风险可以通过管理与控制，在任何阶段中被中断。

基于生态风险的生命周期，本研究从风险事件时间（T）和生态系统风险控制（C）两个纬度来描绘生态系统风险的发展过程，形成生态系统生态风险生命周期曲线（$C-T$ 曲线），如图 6.3 所示。由于受到生态系统内部和外部多方面、多因素的影响，生态系统生态风险在发展过程中，多呈现出不规则、不规律等特点，因此形成的曲线是一条不规则曲线。但是，出于研究的便捷性本研究将生态系统生态风险生命周期曲线以光滑曲线代替。根据生态系统对危机的控制情况我们可以在 $C-T$ 曲线上画出生态系统生态风险的不同表现形式，分为潜伏期、成长期、爆发期及衰退期。

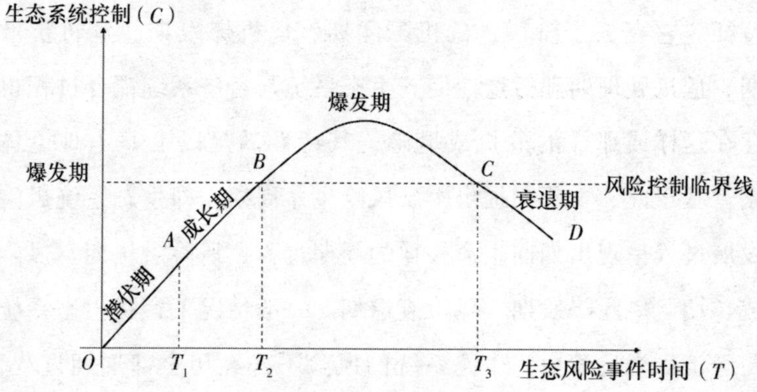

B 为生态风险可控制临界点

图 6.3　生态系统生态风险生命周期

曲线段 OA 是生态风险潜伏期，在该阶段生态系统表象上其运行、发展等情况较为正常，但是风险已经开始酝酿、形成和发展着，此时的风险表现形式是潜在的和隐蔽的。

曲线段 *AB* 是风险成长期，经过潜伏期的生态系统风险在成长期内开始有了明显的征兆与局部的表现。此阶段正是风险从量变到质变的过程。在此阶段如果人们不能及时发现、解决生态系统的风险，风险将会在未来某一时刻失去控制而爆发。

曲线段 *BC* 是风险爆发期，*B* 点作为生态系统对风险控制能力的临界点，当风险能力超过 *B* 点后意味着生态系统已经无法控制风险的危害，从而形成对生态系统的巨大冲击。曲线弧度越高，风险对生态系统产生的冲击力也就越大。

曲线段 *CD* 是风险的衰退期，经过生态系统自我恢复、调节能力以及经济社会系统的支持和帮助，生态风险在 *C* 点后又进入了一个潜伏状态。当人们彻底解决了某一个生态风险，此曲线将会断开不再具有连续性。如果此风险没有得到彻底解决，则会残留不确定因子，使得其在未来某个阶段又形成新的潜伏或成长因子，而又促进形成新的一个周期的发展过程。

二　三江源生态风险评价

生态赤字是从绝对的视角判断某一区域是否存在着人类经济社会活动过度而导致的地区生态风险，但是却不能从相对的视角说明人类经济社会活动对生态系统造成风险的程度。因此，我们需要引进“生态风险指数”来展开生态风险评价的研究。生态风险指数反映的是区域生态承载力与生态足迹的差额占生态承载力的比例，表示某区域生态系统能够承受风险的能力。计算公式如下：

$$T = 1 - \frac{ef}{ec} \tag{6.8}$$

其中：T 为生态风险指数；

ef 为人均生态足迹（公顷/人）；

ec 为人均生态承载能力（公顷/人）。

当区域生态足迹等于生态承载力时，表示此区域不存在生态赤字或生态盈余，界定为无生态风险。但是，由于经济社会发展方式动态性使得此局面并不意味着未来不存在生态风险。生态风险指数随着生态系统与经济社会系统发展阶段、发展方式的变化而在一定范围内变化，但是其上限是不存在的，即生态风险值越大越好，意味着生态承载能力远大于生态足迹；下限指即季度风险的临界值为 -1，即生态足迹是生态承载力的1倍时，意味着人类经济社会系统活动过度开采，忽略甚至无视生态系统的容纳程度，如此必将导致生态经济系统崩溃。本研究假设无生态风险临界值为0.5，即生态承载力是生态足迹的1倍时不存在生态风险。当临界值大于0.5时，这种风险永不存在；当小于0.5时，则根据不同的风险值可确定不同程度的风险类型。

基于此，本研究对三江源生态风险指数进行等级划分和计算。详见表6.8。

表 6.8　　生态风险制度等级划分标准

等级	指数等级	表征状态
1	$T>0.5$	无风险
2	$0.2\leqslant T\leqslant 0.49$	轻度风险
3	$0\leqslant T\leqslant 0.19$	低度风险
4	$-0.5\leqslant T\leqslant -0.01$	中度风险
5	$-1\leqslant T\leqslant -0.51$	高度风险
6	$T<-1$	极度风险

根据公式（6.8）和表 6.7 相关数据，可准确计算出三江源生态风险指数变化情况。详见表 6.9。

表 6.9　　2007—2014 年三江源生态风险变化情况

年份 项目	2007	2008	2009	2010	2011	2012	2013	2014
生态风险	0.0338	0.0573	0.0429	0.0629	0.0543	0.0474	0.0340	-0.0309

通过以上数据，我们可以分析出从 2007 年至 2013 年三江源生态风险值始终处于第 3 等级，即总体处于低度风险的局面，但是生态风险值呈现不断下降的趋势，也就是说，生态承载力的提升与生态足迹的增长并不是同步的，生态足迹速度快于生态承载力的提升速度。经过 8 年的发展，生态风险从 2007 年的轻度风险发展到 2014 年的中度风险的局面。

根据生态风险生命周期理论，我们也可以判断出三江源生态风险始终处于成长阶段，2014 年生态足迹已经超越了生态承载力的能力，意味着生态风险逐渐接近了爆发期。此阶段，需要经济系统和社会系统的外部力量及时、准确地进行管理和干预，以实现在风险爆发前将其控制，甚至消除风险。

三　三江源生态风险管理

三江源生态风险从轻度风险到中度风险的变化，说明三江源生态经济系统在耦合过程中，经济系统对生态系统的索取已经超越其承载能力，影响着三江源生态系统的可持续发展。面对此局面，加强三江源生态风险管理势在必行。对于三江源生态风险管理主要来自两方面的力量，一方面是三江源生态系统内部力量，即自身的生态能力的提升与发展，从而实现对于受到的损害进行自我调节和恢复。然而，这个调节和恢复的过程周期较慢，且三江源生态系统脆弱性使得自我恢复能力不足，因此无法实现对成长的生态风险进行及时控制。另一方面是来自于生态系统外部力量，即经济和社会系统的支持。三江源生态风险产生的根源是经济社会发展超越了生态系统能力范围。因此，对三江源生态风险及时、准确地管理应从经济系统和社会系统发展模式的改变开始。目前，通过社会系统的项目、资金、政策和制度等方式，不断提高了生态系统的能力。除此之外，本研究认为对于三江源生态风险管理还应关注以下几个方面内容，以实现对其风险的根本性解决。

（一）抓住风险产生根源

产生生态系统的生态风险最根本的动因是人类生存生活方

式不当，而对生态系统的破坏。随着人类的原始文明、农耕文明和工业文明发展，人类赖以生存的生态环境却受到重创，究其根本原因还是人类经济和社会发展方式对生态环境的影响。本研究对三江源生态经济系统各个子系统发展现状、生态经济系统耦合度以及生态经济系统生态足迹等方面进行的研究成果显示出，三江源生态风险产生的根源仍然是人们的生产方式不当对生态系统的损害。因此，对于三江源生态风险的管理必须改变现在的生产生活方式。目前，三江源生态保护与建设的二期已经启动，先后将投入160亿元，并通过制度、政策、项目和资金的方式加强生态保护与建设，无疑将大幅提升生态系统的各种能力。但是，人类发展的历史经验和现实告诉我们，对于生态的保护与建设速度远远小于生产生活方式对其的损害程度，即单纯的生态保护并不是解决生态风险的根本，而是改变经济社会的发展方式。只有经济和社会的发展方式绿色化、生态化了，才能减少对生态系统的需求和损害，从而提高生态系统的能力，最终实现生态系统与经济系统的良性耦合。这种观点和理念在三江源不同主体间形成共识时，才能促进经济发展转型行为根本性转变，实现生态经济的形成，从而形成根本破除三江源生态风险的动力源泉。

（二）做好顶层设计

三江源生态经济系统良性耦合中，合理科学规避各种风险，还需加强顶层设计与规划。实现三江源生态经济系统可持续发展的重要主体是政府，政府在理念、政策、资金和制度等方面具有很强的约束性和权威性。因此，发挥政府的主导功能对于实现预防各种生产风险，促进三江源生态经济系统耦合与可持续发展尤为重要。顶层设计应注重，一是必须在发展思路上坚持“既要绿水青山，又要金山银山”，不走先污染后治理的经济发展老路，对生态、环保的项目要多上、快上，对高污染、高排放的项目要坚决忍痛割爱，要与不同利益主体进行有效博弈，保证生态不被破坏。二是必须在发展模式上坚持“规划先行，循序渐进”，不搞一哄而起、一哄而散的短期工作，切实做好规划，制定管理和考核制度，保证生态保护与建设工作的科学性、连续性。三是必须找到生态与经济的契合点，重点发展生态农牧业、绿色环保工业、生态旅游业等符合青藏高原实际的产业。生态旅游业方面要设计精品线路，开展自然旅游、人文旅游、养生旅游、体验旅游等，生态农牧业方面壮大农产品规模经济，建设特色农业、农业产业化、休闲观光农业、体验农业、有机农业，做好品牌打造。四是必须在发展保障上坚持生态立法、建章立制，政策延续、领导接力，生态文明建设常抓不懈、久久为功。

（三）控制人口数量

著名的日本人口学家黑田君夫将生态恶化的原因归纳为“两个炸弹”，即人口炸弹和消费炸弹。在课题第三章中，根据相关数据说明三江源人口数量规模不断扩大，增速较快，加重了三江源资源环境压力。三江源地区少数民族占比较高，均享受国家少数民族人口政策，因此在近些年一个家庭生育2—

4个孩子的较为普遍，人口规模增长速度较快。但是由于经济发展滞后，教育资源落后等因素都让本土人口素质和能力呈现不合理发展增长态势。控制三江源地区人口数量，提高人口素质，应注意以下两方面内容：一是加强地区生育引导，优化人口结构，提高人口素质。通过制定积极的生育奖励制度，引导家庭合理人口生育数量，如放弃三孩的指标可给予两万元奖励等。同时，通过医疗、教育等资源的倾斜，提高牧民人口出生率、健康率和后期的教育质量，从而全面改善三江源地区人口数量和质量。健康的身体、良好的教育素质均可以使地方牧民接受新的生产和生活方式，甚至迁出生态脆弱的三江源，从而减少对其生态系统的影响和索取。即使他们仍然世代生活在三江源，但是人口素质的提升将不断改变他们的生产方式和提高生产效率，同样也可以大幅减少对自然资源的简单依赖，从而实现对生态系统的保护。二是合理限制进入三江源人口。近些年，我国生态旅游、生态探秘等活动呈现快速增长趋势，而地处青藏高原的三江源同时也是国内外游客的重点旅游景点区，而且大量游客集中在6—8月前往。此局面虽然给三江源地区带来巨大的经济效益，但是却给三江源生态系统造成了较大的人口压力。对此问题的解决，本书在第五章第二节和第三节中已经提出了建议。通过行政许可、特许经营、以产定销等方式，可以有效地控制每年进入三江源地区的合理人口数量，以实现生态系统与经济系统两者的和谐与包容性发展。

（四）优化产业结构

产业结构决定着地区资源配置，影响着经济系统和生态系统的可持续发展。三江源产业结构并不合理，体现在三大产业发展不均衡、产业内部结构不合理、产业增长方式粗放等问题，特别是第二产业快速发展给地区生态系统产生较大风险。优化三江源产业结构应注意以下几个方面：一是改造和提升传统畜牧业。畜牧业是三江源的主导产业，需要通过科学技术和先进手段提高畜牧业的效率和效益。例如，将生物技术运用于饲料配方与加工技术环节，提高饲料利用率，培育优良的牛羊品种；将卫星遥感技术可用于牧区资料普查和草原鼠虫害等各种各类的灾害预报，为及时有效制定和实施高效、经济的预防和控制方案计划提供科学依据，提高畜牧业的防灾减灾能力等措施，均可以在生产原材料供给、生产工艺、加工工艺和管理等方面提高产业的竞争优势，从而获得高附加值的畜牧产品，促进畜牧业的健康发展。二是扶植和发展特色工业。立足三江源富集的生物资源、文化资源等发展加工业发展。围绕中藏药、传统文化和资源，加强中藏药、藏文化、保健品等方面开展具有高原特色的生物技术创新和整合，培育出具有特色和竞争力的各系列产品，并由此形成具有优势的加工工业的发展，从而改变目前三江源地区产业结构重工业化突出的情况。三是提高技术创新与运用能力。产业技术创新将有效减少企业对资源的依赖程度，并促进形成绿色产业链的发展。加强三江源产业技术的引进和运用，要坚持以自主创新、集成创新和引进消化吸收再创新为核心，紧紧围绕发展生态经济所涉及的重点领域，突破一批关键性、基础性和共性技术，提高生产效率、资源利用率、能源消耗少、环境污染低的产业，推动经济增长方式由粗放型向集约型的根本转变，实现在生态系统强约束条件下三江源产业结构优化和产业竞争力的提升。产业结构优化不仅将提高三江源自然资源配置高效，降低能耗、减少污染，促进生态经济系统的良性耦合，推进地区工业生态进程，还将大幅减少工业进程中对生态系统造成的风险和危机。

（五）完善法律体系

三江源生态保护既具有生态修复工程的系统性和高原恶劣气候的复杂性特征，又具有保障藏区群众生存、发展之需的特殊性要求，但目前尚未建立稳定的机制，难以保证相关支持保护与建设政策的既定性、确定性和持续性；二期工程涉及范围越来越广、项目越来越多、资金额度越来越大，没有法律加以保障，单靠行政手段予以规范，很难保证工程的科学管理；三江源生态保护资金的使用不但要保证生态治理取得实效，同时要不断改善和提高当地群众民生，需要进一步健全体制，但目前尚无国家相关法律予以保障，应尽快在国家层面推动三江源生态保护立法。一是明确三江源生态保护的投入主体（国家）、执行单元（青海省）、受益群体（全体中华儿女）、补偿对象（三江源地区群众）和补偿客体（生态资源），正式建立三江源生态保护的长效机制；二是将三江源生态补偿制度法制化、程序化和常态化；三是进一步明确三江源生态保护的范围、内容和违法责任，形成生态保护的刚性机制；四是明确生态资源的经济价值，推动生态资源有偿使用，建立三江源生态保护的市场投入机制和公共生态资源（或生态资源配额）的省际交易（或置换）制度；五是建立三江源体制完善、群众自强自立的制度保障和产业基础，为三江源地区的生态保护和社会均衡化发展提供法制保障。①

---

① 《推动三江源生态保护立法》，载《青海日报》2015年3月5日。

第七章

三江源生态经济系统耦合保障机制

生态经济系统是由生态、经济和社会三个子系统组成的一个庞大、复杂的系统，实现各个子系统良性耦合除了生态系统与经济系统要素之间的交互与作用外，还需要社会系统提供的各种保障机制，以实现对系统资源的高效配置、内外部环境的营造，从而提高耦合的效率与效果。生态经济系统耦合保障机制是统筹规划机制，提供系统协调所需的内外制度环境，保障系统资源优化配置，提高系统运行功效，最终实现区域生态经济系统良性耦合的活动。

第一节　政府主体生态行为调控机制

生态经济系统耦合涉及的三个主体中，政府主体行为因对其他主体行为具有较强的引导性、约束性和权威性而体现出巨大的作用力。这种作用力体现在，一是政府可以通过政策制度、市场规制、政策项目等措施的设计和供给，形成对企业和公众行为的约束条件；二是政府不同的利益诉求将影响职能部门相关制度、政策等供给导向，不仅影响着企业和公众行为，也决定了政府的自身行为，从而影响着区域生态经济系统耦合中各主体行为的科学性和合理性。若政府行为合理科学，其在政策、制度等方面的供给就会积极促进系统各种资源与要素优化配置，为实现生态经济系统良性耦合发展奠定坚实基础。若政府行为不当，则会引起生态经济系统耦合政策失灵、管理失灵，导致经济发展方式与生态经济良性耦合目标出现偏差，使得系统出现不均衡、不协调甚至出现生态风险。基于政府行为不仅会对其他主体行为产生广泛性的影响，也决定着政府各个职能部门的行为。因此，本研究将政府行为的合理性和科学性，即生态政绩考核机制作为主要研究对象。

政府行为调控最有效的手段是政绩考核。古往今来，兴衰成败在于人，吏治是关键。政绩考核是对领导干部在生态保护、经济社会发展、民生工程等多方面进行客观评价的重要手段，也是对领导干部进行激励的重要依据。因此，政绩考核成为了引导领导干部思想、行动的重要“指挥棒”。三江源生态政绩考核的“指挥棒”权威性体现在对各级政府和领导干部在促进生态系统与经济系统耦合目标的理解和落实过程中的绩效考核和考核结果运用。目前，三江源地区政府和领导干部的生态政绩考核在考核方式、生态问责和生态审计等方面还需进一步完善和创新，以充分发挥政绩考核的引导与调控作用。

一　完善考核方式

1. 多元考核主体参与

目前，我国政绩考核是以体制内的“官考官”的模式为主。此模式容易受到较大的主观影响，使得考核内容和信息在客观性、科学性和准确性等方面存在较大的偏差。避免较大偏差出现的最好方式是采取多元考核主体参与模式。根据生态系统与经济系统发展各自特点和规律，构建实行上级考核单位、生态利益相关者、公众和专家学者四种主体的考核体系。在地方推进生态保护和经济社会发展过程中，必然会导致三江源部分地区、部门和群众的经济利益或生态利益受到损害，这个群体就是生态利益相关者。由于他们牺牲生态利益而支持政府经济社会发展决策，或牺牲经济利益而支持政府生态环境保护决策，无论哪一种牺牲都因为他们是生态利益相关者而应有权监督政府行为，也是对政府行为最有发言权的群体。公众参与政绩考核可以有效地遏制官僚主义、弄虚作假，让公众充分行使其宪法赋予的知情权、参与权、表达权和监督权。专家学者的参与将对三江源政绩政府行为过程和结果的科学性与专业性视角进行评判，确保考核结果也更具有合理性和可信度。

2. 显绩与潜绩考核相结合

显绩就是在一定的考核周期内可以用数字等方式清晰表现出来的政绩，一般是目标考核内容。潜绩则是在一定的考核周期内不能用数字等方式表现出来的政绩，一般是过程考核内容。三江源生态经济系统耦合与发展过程中，85%的政绩是目标考核，且考核周期为1年。由于经济系统发展规律与生态系统发展规律存在较大的差异性，导致很多生态保护与建设工程表现形式不能在年内进行统计显示，致使领导干部对于生态保护和建设工作的积极性严重受挫。因此，应加强对三江源地区领导干部显绩与潜绩考核相结合的考核方式，通过过程考核对领导干部的努力程度、潜在绩效和未来效益进行评估，以弥补年度考核的缺陷，确保生态系统与经济系统建设两者的均衡健康发展。

3. 设置符合生态系统发展的考核周期

生态政绩的考核周期首先应该尊重、遵循生态系统发展规律。三江源现行目标任务考核周期均为1年，此周期的设定显然是凸显了经济社会政绩要求。针对三江源生态系统的特征，应调整对生态效益的政绩考核的周期设计，以适应生态系统发展的规律，同时突出对生态保护与建设工作的重视程度。基于此，生态系统政绩的考核周期可分为短期、中期、长期，其中短期为1年以内（注重对工作过程内容考核），中期1—5年（注重目标考核与过程考核结合），长期为5年以上（凸显潜在绩效的价值），总体思路和原则是：生态政绩考核短期侧重对目标完成情况考核，中长期注重过程考核。

二　丰富生态问责制

1. 同体问责制

同体问责是由党委、政府内部的特定部门对本系统自身的行为进行监督和责任追究。一是增加党内生态问责内容。根据三江源地区生态系统和经济系统建设和发展的特点及要求，从促进三江源生态经济系统耦合的视角，应加强完善对领导干部在经济生态化和生态经济化决策、执行和制度供给等方面的潜绩和显绩考核，构建生态问责内容体系并以此为依据加强各级领导干部的问责力度。特别是，要加强党委生态问责职能。对领导干部在经济生态化和生态保护与建设两方面进行全方位、全过程的实时监督，突出不同阶段、不同内容的生态问责重点，才能真正达到生态问责目的。二是发挥政府问责的主体作用。首先，从制度、机制上加强政府主体问责主体的权威性、独立性，确保各级政府从启动问责程序到具体责任追究等环节全过程的实施、监督和制约的作用。其次，要建立、健全政府内部问责机制，在行政管理公示制、行政执法责任制、行政损害赔偿制、行政绩效考核制、政府公开采购制等方面凸显绿色发展、生态文明建设的要求，明确政府职能和问责范围，以提高政府生态问责的科学性和可信性①。

2. 异体问责制

异体问责主要包括人大、民众、媒体等主体的监督与问责。一是强化人大和司法部门问责功能。人大可设立专门的生态问责机构，专人负责三江源程序化生态保护与建设等问责工作，确保工作的经常化与制度化，并保证该机构的独立地位。

① 周洁：中国行政问责制主体研究，硕士学位论文，天津师范大学，2008年。

人大在发现国家机关人员存在违背生态经济系统可持续发展的行为后，可启动质询程序，受质询机关必须作出答复，同时人大可根据责任情况启动特别问题调查程序，采取类似弹劾、不信任投票、罢免等问责手段。同时，完善政府生态问责现有司法制度。对于严重破坏生态环境的行政行为，要在行政问责程序结束后，启动对其司法问责程序。二是发挥公众的问责功能。三江源的生态问题不仅青海人民在关注，而且全国甚至世界公众都在关注。增加三江源生态信息的及时性、公开性，将极大地促进民众对三江源生态环境的关注度，更促进民众的积极性和参与性。政府还可以通过互联网、平面媒体等传媒与渠道，设置三江源生态保护的政务平台，加强与公众的沟通与反馈，调动公民参与问责的积极性，促进民众生态问责制度化和常态化的发展。

三　构建生态审计制

1. 构建生态经济效益审计

在生态与经济系统两者耦合的发展过程中产生经济、生态和社会三方面不同的效益。生态经济效益审计应围绕此三项内容，在尊重经济规律和生态规律的前提下，针对不同的功能区定位、发展阶段和发展要求进行三者效益的评估，并以此作为引导政府、企业和民众行为的重要标准和依据。

2. 构建生态项目绩效审计

目前，三江源生态保护与建设主要是通过国家和地方相关生态建设项目来落实。大量的资金随着项目一并涌入三江源地区，领导干部关注项目怎么落地、项目资金怎样花掉，但是项目产生的效益评估与审计没有及时跟进，使得很多项目成为“有头无尾”的工程。因此，加大三江源生态项目审计势在必行。生态项目绩效主要以项目目标为依据，对项目组织、项目资金使用和项目效益及效益情况等各个环节进行真实、合法的评估审计，以确保各种生态项目顺利开展，达到预期效果。

3. 构建领导干部生态审计制度

领导干部生态审计制度包括在任期审计和离任审计。审计的主要内容应围绕促进生态系统与经济系统可持续发展的各项决策、执行与效果的潜在绩效和显现绩效。无论哪一种绩效，都应客观准确地进行评估与评价，以全面审计领导干部生态建设与发展的成绩。同时，应该制定审计结果责任终身追究制，即无论是在任或离任，生态审计都应强调审计结果终身制，保持对领导干部生态建设与保护中责任的终身追诉。

四 构建绿色政绩监督体系

1. 内部监督体系

一是职能部门监督。首先，设置监督的关键控制点。根据相关职能部门工作属性，选择能够反映三江源生态经济系统耦合发展过程、发展质量的关键点作为控制点，进行定期和不定期的数据采集、现场勘验和座谈等方式获得三江源生态经济系统发展质量的相关信息。其次，对各个控制点进行分级管理，形成影响程度（最）主要、一般和较小的三级管理方式。在此基础上对各级控制点进行偏差分析，以实现对目标偏差的及时纠正。二是生态利益相关者监督。三江源生态经济系统耦合过程中，地方民众是做出了巨大贡献的群体。他们也都关注着贡献可能换取未来的经济或者生态利益。他们是地方政府实现目标过程中的参与者、亲历者和利益相关者，因而对于政府绩效考核最有监督权和发言权。

2. 外部监督体系

一是公众监督。首先，切实贯彻落实《政府信息公开条例》。地方政府应积极拓展关于三江源生态经济发展的信息公开渠道。设立专门的信息查询处，或定期出版专门的信息专刊，让公众及时、零距离体验到地方生态经济发展现状和趋势。其次，扩展公众监督载体。应充分利用平面媒体、电视媒体和网络媒体构建公众监督平台，将地区生态经济发展中各项决策及其执行和效果等不同阶段对考核内容通过媒体及时反馈公众，并听取各方意见和建议。二是媒体监督。首先，加强新闻立法。以法律形式赋予新闻媒体以重大事情的知情权、采访权和评论权等，切实保障新闻自由，使新闻工作者能更好地依法履行监督职责。其次，完善舆论监督的信息反馈和责任追究机制。对新闻报道批评和揭露的问题和单位，上级主管部门要及时进行查处，并及时向有关新闻单位通报。三是专业性个人和机构监督。首先，注重顶层设计，确保专业性个人和机构的独立性。从制度和政策两个层面给予鼓励和支持，以确保专业性个人和机构的合法性，以确保其工作的独立性、结果的客观性。其次，发挥专业优势，增加考核权重。应当加强专业性个人和机构评估结果运用中的权重赋予，尊重他们的专业优势，为确保考核结果的科学性、合理性奠定基础。

第二节　生态补偿机制

农业文明的财富观是以土地资产为核心的工业文明的财富观，是以有形资产和无形资产为核心，而生态文明财富观则强调生态财富、绿色财富。党中央、国务院先后出台了一系列关于生态文明建设的战略措施，不断提升生态资源的财富和价值。三江源生态自然富集，除了关注生态产业等发展模式外，我们更应该关注生态文明视域下的新生态资源财富产生和发展。新财富观不仅为保护生态提供了制度保障，也为生态资源财富转化提供了机制保障，为全面促进三江源生态经济系统的耦合拓展了耦合方式和体系等内容。

区域经济学强调地区经济发展的“资源禀赋”原则，传统经济学对其内涵的理解是对资源的简单开发与利用以提供经济发展所需的原材料和生产要素。但是，这种模式并不符合三江源的实际，也是不可持续的一种模式。三江源生态系统具有独特的、丰富的高原自然资源，但是由于其生态安全战略地位极其重要，且生态系统极度脆弱，简单开发与利用无疑是对国家甚至世界生态环境的严重破坏。近些年，国家加大了对三江源生态保护与建设，但是区域可持续发展中最为重要的是人的发展。然而，目前三江源地区人民生活水平较低、生产力水平不高、社会发展滞后等情况并存，百姓经济发展诉求强烈，青海省和三江源地区各级政府压力巨大。因此，在保护三江源生态系统的同时，我们仍然要充分考虑人的发展。发展始终是我党执政兴国的第一要务，发展的核心是人的全面发展。人的全面发展所需要的物质基础是人全面发展的首要条件，当物质基础保障满足了人的发展需求时，才能充分调动人在生态保护与建设、推进经济社会质量提升等方面的参与性和创造性。这种发展不是简单的外界帮助，而是具有内生动力、持久的发展模式。当人的基本权利得到满足，人的物质条件得到提升，才能实现生态经济系统耦合过程中人的主动性和能动性，从而为实现促进三江源生态系统与经济系统的良性耦合奠定最为重要、最为根本的基础和保障。

基于生态资源新财富观、人的发展和三江源独特生态资源，本研究在充分发挥三江源生态资源优势的前提下，尝试开展对三江源地区人的补偿研究，以实现构建三江源发展人的内在动力机制，最终达到三江源生态经济系统良性耦合的发展目标。

一　人的生态补偿基本思想

目前，国内机构和学者对于三江源生态补偿机制研究主要围绕三江源水资源、草原、森林、湿地、荒漠、生物多样性的多个领域开展研究，研究的出发点和落脚点均是围绕着生态系统谈生态系统补偿，而忽略了对生态系统保护与建设中的人的补偿。虽然研究的内容和体系丰富、成果显著，但是就生态谈生态使得研究视野并不宽、研究体系不够丰富。同时，由于在实践操作层面对于很多围绕三江源水资源、草原等生态补偿的研究成果无法落实，也使得绝大多数成果仅仅成为理论研究，无法实现对三江源进行生态补偿的实践指导。究其根本原因，本研究认为目前对于三江源研究的成果存在三个方面的难点没有突破。一是补偿主体不清楚。对于是纵向的国家补偿还是横向的生态福利利益既得者的省份补偿，抑或是对两者间谁更应当承担多一些补偿责任等方面均存在一定的争论。二是补偿依据不明确。无论哪一种生态补偿都需要测量出资源的供给量、消费量、市场价格等信息，才能实现对补偿金额的准确计算。但是，无论是三江源的水资源还是草原生态资源的价值并不仅仅是实物的价值量，它还具有巨大的服务功能价值。因此，就目前阶段，生态资源服务价值就更难计算。生态补偿依据的缺失使得生态补偿的具体措施、制度和机制终难以出台。三是补偿标准不准确。目前，国内研究机构和学者对于生态补偿标准并未形成统一的理解和标准，以三江源水资源价格为例，三江源每年流出青海省境内的水流量虽然可以获得，但是流经的不同省区由于经济社会发展阶段和程度不同等因素的影响，都使得对于水资源使用量的精准计算难度很大。如此也造成了对生态补偿机制设计和实施的巨大阻碍和影响。

三江源地区甚至青海省各族群众为了保护三江源生态环境，将其区域划定为禁止开发区和限制开发区，也就意味着青海民众放弃了三江源丰富资源的开采，在人才、技术和资金均严重短缺的情况下，三江源经济社会发展更是“雪上加霜”。生态补偿机制是三江源地区发挥“资源禀赋”将生态优势转化为经济优势的重要手段和载体。但是，我们想强调的是三江源地区的人们利用和开发生态资源，不是开采自然资源用于经济和社会系统的发展，而是通过人对生态资源的保护与建设，充分发挥自然资源服务功能等价值来获取人发展的经济效益，从而实现对自我的发展保障和支持。目前，从可持续发展来看，三江源生态保护与建设等项目的实施是三江源“输血”模式，即生态保护需要国家项目和资金的长期支持，民众收入水平较低，人的全面发展物质基础薄弱。显然，这种模式无论是对于生态自然发展还是对于人的发展都是不可持续的。通过生态经济、制度体系等因素影响，培育、发展三江源地区内在发展动力才是实现三江源生态经济系统可持续发展的“造血”模式，即三江源生态、经济和社会系统有能力自我发展与成长。这种“造血”最为主要的内容是实现人的自我发展，而实现三江源地区人的自我发展最大的载体和手段就是发挥与利用生态自然优势形成的各种价值。通过保护和建设生态系统，提升生态各种服务价值，并以此获得的生态补偿利益反哺给人的发展，即实现了人的生态补偿。因此，本研究重点关注对生态补偿中对人发展的补偿机制。

二　补偿主体

三江源生态补偿涉及“谁补偿”和“补偿给谁”两个主体。这两个主体生态补偿机制中会涉及两个层面，即政府与政府、政府与百姓之间的补偿。政府与政府补偿主体包括中央政府对地方政府之间的补偿以及地方政府之间，对于生态资源保护、建设和使用的补偿；政府与百姓补偿主体是中央和地方政府与三江源本地百姓之间在生态资源保护、建设和使用的补偿。无论哪种主体之间的补偿，都是围绕着对于自然资源生态财富的使用与利用而产生的利益补偿关系。

三江源生态环境的好坏不仅直接影响青藏高原气候环境的变化，也直接影响着全国甚至亚洲的气候变化，其生态安全战略地位极其重要。正因为如此，国家从西部大开后持续加大了对三江源生态环境保护的投入。这种投入便是国家对地方，即三江源生态保护与建设的生态补偿。但是，这种补偿仅仅是对生态建设的补偿，而没有实现对人的发展的补偿，使得生态补偿体系并不完整，也不能实现促进地区内在发展动力的形成。因此，本研究认为，对于三江源的生态补偿亟须在对其生态本身建设与发展的补偿外，加强对人进行生态保护应获得利益和发展的补偿，即人的生态补偿。基于三江源生态资源所有权属于国家，且在国家生态战略中地位显著。同时，三江源地区民众为了实现对生态系统的保护而放弃了很大的发展机会，也付出了巨大辛劳与成本。本研究认为，对于三江源地区人的发展补偿第一主体应当是中央政府。虽然三江源作为重要的水源地、生态气候“调节器”，其生态价值在各个省份均获得了收益。但是，目前省际之间的横向生态补偿无论是理论研究还是实践操作层面都还未形成共识，因此难以实行。基于这两方面的因素，本研究认为现阶段“谁补偿”这个补偿主体应该是国家中央政府。同时，受补偿者除了生态系统外，还应该补偿给为保护生态而放弃原有生活生产方式、发展机会和付出辛劳的三江源民众。所以，国家政府除了进行生态保护与建设项目外，还应该增加对地区人的发展所需要的项目和资金，即国家政府还应补偿给为保护三江源生态环境而付出努力的本土民众。

三　补偿依据

本研究关注通过自然资源而对地区人的补偿，对于此命题的研究，我们不能就生态谈生态，就人的发展谈发展，应当将生态与人的发展紧密结合起来展开研究。目前，国内研究机构或学者对于通过生态系统中的资源价值获得补偿依据，但由于在生态价值评估、生态价值使用等方面存在较多的难点而无法实施。因此，本研究通过生态对人的补偿视角，尝试从人的发展所需要的物质基础来确定补偿依据的研究。

发展才是硬道理，人的发展是发展中的首要主体，而人的发展首要条件则是物质保障。三江源地区人的发展的物质保障依据应该是在国家发展战略和措施背景下实施和实现。

因此，本研究对三江源地区通过生态资源价值而转化为对人的发展所需要的补偿的标准、依据将关注重点放在“小康社会”。核心思想是以党中央国务院提出的“小康社会”作为三江源地区人的发展目标，再以此作为获得补偿的依据倒推回来，即可清晰地获得人的发展所需要的经济总量，以此得到对三江源地区人们为保护和建设生态而付出各种努力而做出补偿的依据。

党的十六大报告明确提出了“全面建设小康社会”发展目标；党的十七大提出为夺取全面建设小康社会新胜利而奋斗的目标，这是在十六大确立的全面建设小康社会目标的基础上对我国发展提出新的更高要求；党的十八明确提出为全面建成小康社会而奋斗的目标，这是中国实现全面建成小康社会目标的一次总动员。党的十八大报告在党的十六大、十七大确立的全面建设小康社会目标的基础上，提出了一些更具明确政策导向、更加针对发展难题、更好顺应人民意愿的新要求，以确保到2020年全面建成小康社会。党的十六大、十七大和十八大实现了对于“小康社会”从“建设”到“建成”的战略演变过程，但是一脉相承地始终将对人民的郑重承诺作为执政的首选任务和战略选择。三江源地处青海高原，从经济方面来说对于国家的贡献微乎其微，但是其生态环境却举足轻重。生活在这里的人民用智慧和勤奋成为国家生态安全的守护者和建设者。他们应该有权利与全国其他地区人民并肩步入小康社会，分享国家的改革成果。然而，由于三江源地区自我发展能力较弱，想要在2020年实现小康目标需要国家除了对其生态系统保护与建设的支持外，更需要对人和社会发展的支持。基于党中央发展战略和生态补偿研究的瓶颈，课题认为在近期可以采用以2020年建成小康社会为依据对三江源地区进行人的生态补偿，以实现三江源地区的百姓与全国百姓同步步入小康生活水平。

四　补偿标准

党的十八大对于全面建成小康社会的目标是：2020年经济持续健康发展，转变经济发展方式取得重大进展，实现国内生产总值和城乡居民人均收入比2010年翻一番；人民民主不断扩大，文化软实力显著增强，人民生活水平全面提高，资源节约型、环境友好型社会建设取得重大进展。根据十八大建设小康社会具体目标和本研究的补偿主体的研究范畴，本研究选择“小康社会”中城乡居民人均收入比2010年翻一番作为三江源地区人的发展的补偿标准。由此，可以较为准确地计算出在2020年时三江源地区实现人的发展而应该获得补偿的具体数额。此方法不仅在学理上获得了理论依据，更为重要的是在实践层面可以落实和实施。

根据党中央提出的全面建成小康社会的发展目标，到2020年城乡居民人均纯收入比2010年翻一番。国家统计局数据表明，2010年城镇居民人均可支配收入为19109元、农村居民人均纯收入为5919元。以2010年为价格基期和考虑到通货膨胀因素，2020 年城镇居民人均可支配收入为 38218 元、农村居民人均纯收入为 11838 元，达到中等发达国家水平。[①] 三江源作为生态安全重点地区，在促进生态系统健康发展的同时，也需要实现城乡居民收入水平的提高。三江源保护和建设生态环境的补偿已经通过各种项目等措施进行了实施，而对于三江源地区人的发展的补偿就可以通过此目标的实现来落实，即对于三江源地区百姓的补偿标准可以以 2020 年建成小康社会的要求为标准进行核算。根据第三章列出三江源“四州”城乡居民收入水平，可以计算出 2010 年三江源地区城镇居民可支配收入为 14230.79 元，农牧民纯收入为 3453.61 元。到 2020 年，三江源地区城乡居民收入水平达到小康社会的标准，则城乡居民人均收入与小康目标相差 23987.21 元和 8384.39 元，合计 32366.14 元。这就意味着，到 2020 年三江源地区城乡居民人均收入若要实现小康目标，还需要国家对其进行补偿。根据第六次人口普查数据，三江源“四州”城镇居民人口数为 358143 人，乡村人口数为 900383 人。因此，到 2020 年国家对于三江源地区城乡居民实现小康目标即人的发展所需要补偿的金额为 85.9 亿元和 75.5 亿元，合计 134.4 亿元。这就意味着，到 2020 年国家政府应给予三江源地区百姓 134.4 亿元的补偿，以确保他们能够与全国百姓同步进入真正意义上的小康社会。当然，这种对人的生态补偿并不是无条件地给予

① 《十八大报告提出全面建成小康社会——2020 年 GDP 和人均收入要比 2010 年翻一番》，载《南方周末》2012 年 11 月 10 日。

经济利益，而是要设定其对生态保护与建设工作任务、实现目标等具体要求，并以此作为补偿的前置条件。

三江源生态补偿机制若仅仅围绕生态环境保护与建设的补偿是不能产生地区内驱发展动力的。通过构建对人的利益机制导向，引导人对生态环境保护而设置的生态补偿，不仅实现对生态环境的有效保护，也实现了人的发展所需要的物质保障。因此，通过生态保护与建设加强对人的补偿，才能够实现三江源生态经济系统中最具活力和创造力——人的调动和引导。

第三节　自然资源资产产权机制

党的十八届三中的《中共中央关于全面深化改革若干重大问题的决定》中明确提出，健全自然资源资产产权制度和用途管制制度。对水流、森林、山岭、草原、荒地、滩涂等自然生态空间进行统一确权登记，形成归属清晰、权责明确、监管有效的自然资源资产产权制度。建立空间规划体系，划定生产、生活、生态空间开发管制界限，落实用途管制。习近平总书记在《说明》中也指出，健全国家自然资源资产管理体制是健全自然资源资产产权制度的一项重大改革，也是建立系统完备的生态文明制度体系的内在要求。

目前，我国自然资源权属不清晰，权利体系不健全，不仅是产生生态环境问题、资源过度使用的根源，也是导致生态环境治理成本主体不明晰，资源使用效率低下等问题的主要原因。因此，加强对三江源自然资源资产产权制度的设计与实施，明确生态系统各种资源的产权权利，不仅能够形成各类生态补偿的理论基础，也为促进其生态经济系统良性耦合提供了重要的保障手段。

一 自然资源资产产权作用

自然资源产权是对自然资源的所有权以及由此派生出来的收益权、使用权、经营权和处置权等一系列权利形态的统称，是对自然资源产权权利主体，即政府部门、企业和个人等，对自然资源权利属性的清晰界定。自然资源的产权范畴不仅包括以资源所有权为核心的涵盖支配权、使用权、收益权和处置权等主要的财产权，还包括因其外部性和公共性而由国家代为管理的权利和必要的监管权；也包括其他主体的与自然资源相关的权利，如生存发展权、健康权、观赏权等。因此，自然资源资产产权制度是在法律层面上对自然资源归谁所有、获取权利、承担责任等一系列法律规范系统，是实现自然资源保护与科学利用最有影响力的基本发展制度。当自然资源具有了两方面的条件才具有了自然资源资产的特性：一是，自然资源可以产生效益，这为资源转化为资产提供基本经济条件，例如因资源的稀缺性而产生的各种财富等；二是，对于自然资源存在明晰的产权关系，自然资源具有了明晰的产权关系才能够为资源资产的转化提供可能。

自然资源资产产权制度会促进资源产权归属明晰，产权主体和管理、治理责任明确，并由此可以确定自然资源产权主体在获取开发、利用自然资源过程中的收益，同时也就可以明确此主体应该对生态资源保护所承担的义务和责任。如此，在经济和社会活动中无论是政府、企业和民众等主体都会在经济社会决策与执行中进行收益和责任的权衡与选择，利益最大化的选择将会促进主体进行生态、社会和经济的成本分析，这无疑将会极大地促进三江源地区生态、经济和社会效益的资源配置，从而获得最大的生态效益、经济效益和社会效益。这个目标也是本研究的研究目标，即实现生态经济系统的良性耦合。

二　明晰自然资源产权分权安排

自然资源产权制度的界定是需要在政府主导下、有限制的产权制度。由于在公有产权内部存在国家行政的强行征收，清晰界定国家所有权与集体所有权的界限，防止集体所有权为国家所有权所侵蚀就显得尤为重要。同时，对于自然资源产权需要理清、明确政府与民众在使用权、收益权等方面的分权设计，以确保民众权利得到保护。特别是三江源地区，由于地广人稀和游牧民传统的生活生产方式，使得他们始终应该是生态资源保护与建设的主体，而通过自然资源资产产权制度的制定与实施，将极大地激励他们保护生态的积极性，也为他们获得应有的权利提供法制保障。因此，进一步明晰三江源自然资源产权分权应注意两方面问题。一是，中央和地方政府之间、地方政府与地方政府之间的分权安排。三江源的生态环境、自然资源所产生的各种生态效益和生态福利，全国各地区均是受益者。发挥三江源生态系统的生态福利是基于三江源甚至青海省人民对其保护与建设。因此，三江源地区、青海省应有收益权、生存发展权等权利。这些权利的行使与运用需要中央政府的认可和接受，从而再通过财政转移、专项拨款等方式加以体现。其中，最为核心的是中央政府接受和认可青海省政府权力大小的程度。自然资源资产产权的明确，将为中央政府和地方政府自然资源资产产权权力的获取奠定坚实的法律基础。同理，我们也可以对青海省政府与获得三江源生态福利的兄弟政府进行产权的明晰，确保青海省获得应有的产权权力，为实现各个产权主体间的权力、利益和责任相匹配奠定制度基础。二是，三江源地区民众与青海省政府分权安排。三江源地区的民众是实现三江源生态保护与建设最为重要的主体。自然资源资产产权的明晰，将对民众在生态保护中的相关产权进行确认，从而保护了其应有的权利。获益权、使用权、生存保障权等权利的确定与赋予，均会激励民众对生态的保护与建设。同时，对三江源地区牧民对各种生态资源的产权的明晰，将会防止政府通过行政权力对百姓自然资源产权的侵害，确保百姓与政府对于自然资源权力的合理配置，充分发挥各自的优势，以全面促进生态系统的健康发展。通过自然资源资产产权分权的合理安排，将会使得中央政府、地方政府和民众之间形成法律、经济等方面的内在约束机制，让自然资源的使用强度、自然资源增值和环境保护之间达到合理的平衡点，也为实现生态经济系可持续发展奠定最为重要的法律基础。

三　建立统一管理机构

习近平在《中共中央关于全面深化改革若干重大问题的决定》的说明中指出，健全国家自然资源资产管理体制和完善自然资源监管体制。自然资源资产管理体制建设的总的思路是，按照所有者和管理者分开和一件事由一个部门管理的原则，落实全民所有自然资源资产所有权，建立统一行使全民所有自然资源资产所有权人职责的体制。我国自然资源产权主要有全民所有和集体所有两种，无论哪一种都存在着产权不清晰、职责不明等问题。虽然集体所有权的自然资源，相关产权如所有者与管理者分开，但是属于全民所有的自然资源的权益主体尚未明确界定。在此背景下，解决此问题是一般采用由各级地方政府职能部门进行“代理”。如此，便出现了政府既当“裁判员”，又当“运动员”的局面，于是寻租、管理不当、资源配置效率低下等问题纷纷呈现。

目前，三江源的自然资源产权管理机构也未成立，同样也存在着上述的情况。三江源建立此机构的设计，应注意以下几方面内容：一是，组建三江源国有自然资源资产管理机构。针对属于全民所有的自然资源的资产权益无明确主体代表的现实情况，可以按照自然资源所有者与管理者分开的思路，组建三江源国有自然资源资产管理机构。自然资源资产管理机构代表国家，对三江源地区属于全民所有的自然资源资产行使所有者权利统一确权登记自然资源，并接受自然资源监管部门的统一规划和空间用途管制。二是，自然资源监管部门按照自然资源属性、使用用途和环境功能对一定国土空间里的自然资源采取生活空间、生产空间、生态空间等用途监管。通过建立健全三江源自然资源管理机构，使得自然资源产权的所有者和管理者分开，实现自然资源资产管理由独立的、专业的管理机构进行管理，从而更加精准地落实全民所有自然资源资产所有权，实现权利、义务、责任相统一。

自然资源资产产权机制的确立，不仅形成了对政府行为的约束，也为生态补偿和人的生态补偿提供了最为重要的理论支撑和法律保障。通过自然资源资产产权的确立和实施，将进一步明确三江源自然资源的产权归属和责任关系，使得生态经济系统耦合过程中的各个主体能够依法行使自己的权利和义务，并获得应有的收益，从而保障与调动不同主体特别是地方政府和百姓保护生态的积极性和参与性。如此，才能有效促进三江源生态经济系统良性耦合，也才能实现三江源生态经济系统永续发展。

第八章

结论与展望

一　主要结论

三江源生态经济系统耦合机制研究对象是一个包含了生态系统、经济系统和社会系统相互作用关系的庞大复杂的系统。本研究以三江源生态经济系统良性耦合为研究主体，围绕各个子系统特别是生态系统与经济系统之间的耦合关系，从耦合度评估、耦合体系优化、耦合生态风险管理、耦合保障机制等方面开展分析研究，构建起促进三江源生态经济系统耦合较为完善的机制。课题通过对三江源生态经济系统大量的翔实数据和耦合度测量，全面分析了生态经济系统耦合过程中存在的问题及成因，并通过生态经济系统耦合优化、生态经济系统耦合风险管理和生态经济系统耦合保障机制构建等措施破解问题，以实现三江源生态经济系统可持续发展的目标。本研究主要结论如下：

1. 三江源生态经济系统耦合状态总体呈现良性互动发展局面

课题针对过去 8 年的数据统计和分析，得出了三江源生态经济系统中各子系统相互发展关系的结论：三江源经济系统的发展是以其生态系统为依托，形成了具有高原特色的经济体系，实现了三江源经济稳定增长。但是，由于产业结构不合理、经济发展方式粗放、资源利用率较低等因素的影响，生态系统受到了一定的损害。虽然，这种损害总体还处于生态系统容纳、承受能力范围内，确保了生态经济系统耦合呈现良性互动，但是不能忽视的是两个系统的发展呈现出不均衡的发展局面。同时，课题采用层次分析法和耦合评价模型对三江源生态经济系统耦合度进行了评价分析，定量得出了系统耦合运行状况：三江源生态经济系统耦合总体处于良性耦合态势，但是各个子系统发展不和谐的结论。基于定量和定性分析，课题对三江源生态经济系统发展不均衡导致的问题和存在的原因进行了分析，提出生态系统约束加强、社会系统支撑不足、经济系统效益不高等因素导致了此局面的发生，为促进三江源生态经济系统良性耦合提供了科学依据和研究基础。

2. 生态经济发展是优化三江源生态经济系统耦合机制的重要载体

生态经济系统耦合的重要载体是生态经济，三江源发展生态经济既要遵循经济发展规律也要尊重自然发展规律。基于此，本研究重点在三江源生态经济产业布局、生态经济市场模式等方面进行了重构和优化。通过项目载体、发挥地方民主主体作用夯实生态系统的保护与建设，为生态经济发展奠定基础；通过转变生态保护方式、壮大基础产业、培育竞争优势产业、促进朝阳产业发展等方面，重构和优化了三江源生态经济产业结构、发展重点和发展方式，以促进生态经济发展的质量和效益；创新以生态能力定经济效益的生产模式、以产定销的销售模式、行政许可 + 特许经营的经营模式、多元主体共管的管理模式，构建起三江源生态经济发展的新型市场模式，从而实现生态与经济资源的高效配置，全面提高生态经济的生产效率和发展能力，以实现生态经济系统良性耦合。

3. 三江源生态经济系统耦合过程中存在一定的生态风险

运用生态足迹模型对三江源生态经济系统耦合过程中生态赤字进行测算，其结论是：草地和建设用地是三江源人均承载力的主要载体，且在过去的 8 年中三江源生态足迹呈现不断上升的趋势，同时生态承载力也呈现增长的态势，但是从 2012 年到 2014 年，三江源人均生态盈余不断下降，到 2014 年三江源出现了生态赤字，造成此局面的主要原因是人们的生产生活消费需求不断增长逐渐超越了地区生态承载力。三江源生态赤字的出现也显示出，三江源生态经济系统耦合过程中出现了生态风险。本研究基于风险管理理论，提出了生态风险的定义和生态系统生态风险生命周期理论，并运用生态风险指数计算出从 2007 年至 2013 年三江源生态系统风险始终处于第 3 等级，即总体处于低度风险的局面，但是生态风险值呈现不断下降的趋势的结论。同时，课题从抓住风险产生根源、做好顶层设计、控制人口数量、优化产业结构等方面，构建起三江源生态经济系统耦合中的风险管理体系，以确保其高效、顺畅运行。

4. 社会系统提供的各种机制是实现三江源生态经济系统良性耦合的重要保障

生态经济系统耦合机制保障将促进生态与经济系统资源的高效配置、内外部环境的营造，以提高耦合的效率与效果。生态经济系统耦合保障机制是提供系统协调所需系统内外制度环境，促进系统资源高效配置，提高系统运行功效，以最终实现区域生态经济系统良性耦合的活动。本研究以促进三江源生态经济系统良性耦合为主体，从政府主体生态行为调控、人的生态补偿机制和自然资源资产产权制度三个方面构建起保障机制。通过完善考核方式、丰富生态问责制和构建生态审计制为手段，构建起生态政绩考核机制，以实现对政府主体生态行为绿色化、规范化的控制和引导；以 2020 年进入小康社会为目标，从全新的视角阐述和计算出国家应对三江源地区人的生态补偿金额，以确保生态经济系统中最为重要的人的可持续发展，这也是形成生态经济系统良性耦合的重要保障机制；以自然资源产权分权安排和建立统一管理机构两个层面，对自然资源资产产权制度进行了思考，并提出了措施以确保生态经济系统的永续发展。

二 研究展望

本研究虽然取得了初步成果，在研究设计、研究体系和研究过程等环节上力求符合科学原则，努力确保研究结论的科学性和合理性。但是，生态经济系统耦合研究内容丰富、涉及学科众多，由于本人学识、能力、研究时间和经费等方面的限制，都使得研究的深度和广度存在一定欠缺，有部分研究内容体系不完整，有些问题未能很好解决，需要在今后进行更为准确、细致和全面的研究。

1. 三江源研究数据连续性和完整性还不够

本研究的研究数据主要是针对三江源 2007—2014 年相关数据的搜集和梳理，对研究主体来说这个数据时间有些短暂。由于三江源早年的数据缺失、遗漏等情况较为严重，因此对数据无法实现较为全面的梳理。同时，由于生态经济系统耦合涉及三个子系统，相关数据来源和数量均较为庞杂，使得部分数据资料统一性不强。鉴于此，本研究主要集中在三江源生态保护与建设一期项目实施后的生态经济系统效益数据进行了总结和分析。研究结论虽然也具一定的有可靠性和准确性，但是受到数据连续性和完整性的影响还是存在着些许的偏差，因此，后续研究应对数据进一步完善和补充。

2. 生态经济系统耦合风险管理机制还需不断完善和丰富

虽然本研究提出了生态系统的生态风险概念和生态风险生命周期理论，并在此基础上提出了生态经济系统耦合的风险评估与管理体系。此方法侧重于以生态经济系统耦合过程中生态赤字或生态盈余来测算生态风险。虽然此方法简便、清晰，但是由于注重的是以生态系统与经济系统耦合的作用结果为导向，导致缺少了对生态经济系统耦合的过程中，即生态系统与经济系统相互作用、相互影响的风险分析。由此，在此基础上的风险管理研究体系的系统性和全面性也就存在一定的缺陷和不足。目前，对于此问题的研究难度较大，正因为如此也给本书后续研究提供了研究空间和方向。

3. 三江源生态经济系统耦合的实践活动需不断跟进

由于生态经济系统耦合的研究涉及内容广、理论与实践结合紧密，且系统耦合的过程与变化的动态性较强，因此，对三江源生态经济系统耦合机制的研究需要紧密结合地区区情的发展动态，关注生态子系统、经济子系统和社会子系统的制度、政策和措施的演变，长期关注和参与三江源生态、经济和社会发展的各项实践活动，以掌握生态经济系统运行功效的具体发展趋势，为丰富三江源生态经济系统耦合的实践活动提供具有一定针对性、操作性的思路和建议。这也是本研究成员需要在今后的工作中，通过参与三江源生态经济系统耦合的实践活动不断加以提高和完善的地方。

参考文献

王松霈等:《自然资源利用与生态经济系统》,中国环境科学出版社 1992 年版。

唐建荣:《生态经济学》,化学工业出版社 2004 年版。

沈满洪:《生态经济学》,中国环境科学出版社 2008 年版。

王书华:《区域生态经济——理论、方法与实践》,中国发展出版社 2008 年版。

孙发平等:《中国三江源区生态价值及其补偿机制研究》,中国环境科学出版社 2008 年版。

顾康康:《生态承载力的概念及其研究方法》,载《生态环境学报》2012 年第 21 卷第 2 期。

王万茂等:《规划持续性的生态足迹分析法》,载《国土经济》2001 年第 6 期。

许联芳等:《生态承载力研究进展》,载《生态环境》2006 年第 15 卷第 5 期。

王宁等:《生态承载力研究进展》,载《中国农学通报》2004

年第 20 卷第 6 期。
王家骥等：《黑河流域生态承载力估测》，载《环境科学研究》2000 年第 13 卷第 2 期。
程国栋：《承载力概念的演变及西北水资源承载力的应用框架》，载《冰川冻土》2002 年第 24 卷第 4 期。
熊建新等：《2001—2010 年洞庭湖区经济、社会和环境变化及其生态承载力响应》，载《地理科学进展》2014 年第 3 期。
曹永辉：《生态承载力持续承载下的经济发展模式研究》，载《生态经济》2013 年第 10 期。
梁敏生等：《真实储蓄率和生态足迹理论对生态城市建设的启示》，载《中国环保产业》2005 年第 10 期。
万红艳等：《物流及生态足迹理论对生态城市建设的启示》，载《生态经济》2003 年第 10 期。
邹炜等：《两个可持续发展指标的简介和评价——浅析绿色 GDP 和生态足迹》，载《湖北经济学学报》2006 年第 3 卷第 7 期。
曹伟：《生态足迹分析方法与城市生态安全》，载《规划师》2003 年第 19 卷第 1 期。
谢小芸：《生态足迹模型的缺陷及改进》，载《全国商情》2005 年第 12 期。
张美英等：《基于生态足迹的韶关市可持续发展分析》，载《科技进步与对策》2005 年第 11 期。
王健民等：《复合生态系统动态足迹分析》，载《生态学报》

2004 年第 24 卷第 12 期。

徐中民等：《可持续性评价的 IMPACTS 等式》，载《地理学报》2005 年第 62 卷第 2 期。

何锋等：《基于改进生态足迹模型的县域生态可持续评价》，载《农业工程学报》2011 年第 5 期。

赵莺燕等：《青海湖地区生态风险评价与管理研究》，载《生态经济》2013 年第 3 期。

李莉鸿：《建立和谐的生态经济系统》，载《学术交流》2007 年第 157 卷第 4 期。

乔标等：《城市化与生态环境协调发展的动态耦合模型及其在干旱区的应用》，载《生态学报》2005 年第 25 卷第 11 期。

赵星：《贵阳市乌当区生态—经济系统耦合关系研究》，载《贵州师范大学学报》2006 年第 24 卷第 3 期。

宋红丽等：《经济—环境系统影响因子耦合度分析》，载《河北工业大学学报》2008 年第 3 期。

杨志龙等：《系统耦合：肃南县畜牧业发展的正确选择》，载《兰州大学学报》2009 年第 32 卷第 2 期。

王继军等：《70 年来陕西省纸坊沟流域农业生态经济系统耦合态势》，载《生态学报》2009 年第 9 期。

许振宇等：《湖南省生态经济系统耦合状态分析》，载《自然科学》2008 年第 30 卷第 2 期。

盖美等：《辽宁省经济与生态环境系统耦合发展分析》，载《地域研究与开发》2013 年第 32 卷第 5 期。

李松：《我国省域生态经济系统耦合关系和途径研究》，载《广东农业科学》2012年第19期。

杜娜等：《纸坊沟流域农用地生态经济系统耦合关系研究》，载《水土保持研究》2011年第18卷第2期。

刘佳等：《黄土丘陵区纸坊沟流域农业生态经济系统耦合态势》，载《应用生态学报》2010年第21卷第6期。

刘勇：《生态经济系统耦合机制研究》，载《攀登》2013年第3期。

曹明宏等：《论生态经济良性耦合与湖北农业运作机制创新》，载《湖北农业科学》2000年第6期。

李俊丽等：《三江源区际流域生态补偿机制研究》，载《生态经济》2011年第2期。

任建新：《商业银行在支持生态经济发展中的缺位和对策》，载《青海金融》2010年第1期。

鲁临琴：《关于发展三江源地区有机畜牧业的探讨》，载《攀登》2013年第32卷第2期。

石金友：《青海三江源地区水资源产业发展研究》，载《攀登》2012年第31卷第1期。

李素娟：《三江源区产业结构调整浅探》，载《青海民族大学学报》2009年第35卷第1期。

王娟娟：《基于CBNRM构建生态脆弱区资源管理模型——以三江源区为例》，载《北方民族大学学报》2010年第6期。

赵毅邦等：《青海省三江源地区河流泥沙特征分析》，载《水资源与水工程学报》2012 年第 5 期。

陈春阳等：《三江源地区草地生态系统服务价值评估》，载《地理科学进展》2012 年第 7 期。

张贺全：《青海三江源国家生态保护综合试验区生态系统服务功能价值的确定》，载《东北农业大学学报》2014 年第 5 期。

赖敏等：《生态建设背景下三江源自然保护区生态系统服务价值变化》，载《山地学报》2013 年第 1 期。

高乐华等：《我国海洋生态经济系统协调发展模式研究》，载《生态经济》2014 年第 30 卷第 2 期。

向宏桥：《旅游地复合系统协调发展模式研究——从“焦作现象”到“本质模式”》，载《焦作大学学报》2014 年第 2 期。

郭静静：《新常态下湖南省生态经济系统协调发展研究》，载《北京林业大学学报（社会科学版）》2016 年第 3 期。

王振波等：《1991 年以来长三角快速城市化地区生态经济系统协调度评价及其空间演化模式》，载《地理学报》2011 年第 66 卷第 12 期。

高鹤文：《北京地区生态经济系统耦合度变化及原因分析》，载《前沿》2012 年第 4 期。

王继军等：《基于农户层次的陕北黄土丘陵区农业生态经济系统耦合关系研究》，载《自然资源学报》2010 年第 25 卷第 11 期。

罗桥顺等:《哈密地区生态经济系统耦合度变化及原因分析》,载《水土保持研究》2010年第17卷第3期。

王介勇等:《黄河三角洲区域生态经济系统动态耦合过程及趋势》,载《生态学报》2012年第32卷第15期。

朱海娟等:《宁夏沙漠化治理生态经济系统过程研究》,载《科技管理研究》2015年第6期。

齐振宏等:《博弈互动机理下的低碳农业生态产业链共生耦合机制研究》,载《中国科技论坛》2010年第11期。

杨玉珍:《我国生态、环境、经济系统耦合协调测度方法综述》,载《科技管理研究》2013年第4期。

李华等:《关于山东经济发展与人口—资源—环境协调度评价》,载《东岳论丛》2008年第29卷第5期。

张彩霞等:《区域PERD综合协调度评价指标体系研究》,载《经济经纬》2007年第3期。

张子龙等:《庆阳市环境—经济耦合系统动态演变趋势分析:基于能值理论与计量经济分析模型》,载《环境科学学报》2010年第30卷第10期。

周忠学等:《陕北土地利用变化与经济发展耦合关系研究》,载《干旱区资源与环境》2010年第24卷第7期。

杨士弘:《广州城市环境与经济协调发展预测及调控研究》,载《地理科学》1994年第2期。

张福庆等:《区域产业生态化耦合度评价模型及其实证研究——以鄱阳湖生态经济区为例》,载《江西社会科学》

2010 年第 4 期。
张青峰等:《黄土高原生态与经济系统耦合协调发展状况》,载《应用生态学报》2011 年第 22 卷第 6 期。
寇晓东等:《1992—2004 年西安市环境经济发展协调度分析》,载《环境科学与技术》2007 年第 30 卷第 4 期。
乔标等:《城市化与生态环境协调发展的动态耦合模型及其在干旱区的应用》,载《生态学报》2005 年第 25 卷第 11 期。
苏鑫等:《基于结构方程模型的吴起县农业生态经济系统耦合关系》,载《应用生态学报》2010 年第 21 卷第 4 期。
张效莉等:《人口、经济发展与生态环境系统协调性测度研究》,载《生态环境》2006 年第 11 期。
李刚:《南京城市生态系统可持续发展指标体系与评价》,载《南京林业大学学报》2002 年第 26 卷第 1 期。
巩芳等:《基于聚类分析的内蒙古草原生态经济系统综合评价》,载《内蒙古大学学报》2010 年第 42 卷第 2 期。
李崇明等:《小城镇资源环境与社会经济协调发展评价模型及应用研究》,《系统工程理论与实践》2004 年第 11 期。
徐学荣等:《可持续发展通道及预警研究》,载《数学的实践与认识》2003 年第 33 卷第 2 期。
张孝德:《青海省生态文明建设的理念、制度与体制改革》,载《青海省委党校研究报告》2015 年第 3 期。
沈秀丽等:《关于加强政府对热贡文化保护的几点建议》,载《青海省委党校研究报告》2015 年第 4 期。

杨皓然:《生态能力探究》,载《理论视野》2010年第1期。
张红凤:《环境与经济双赢的规制内在机理与对策》,载《财经问题研究》2008年第3期。
郑洋洋:《基于生态足迹模型的区域生态经济可持续发展研究》,载《中国商界》2013年第9期。
孙发平等:《青海湖区生态足迹评价及对可持续发展的启示》,载《青海社会科学》2008年第1期。
张杰:《对我国自然资源产权制度的认识与思考》,载《政法论坛》2013年第7期。
李谢辉等:《我国生态风险评价研究》,载《干旱区资源与环境》2008年第3期。
罗桥顺:《基于土地利用/覆盖变化的哈密地区生态经济可持续发展研究》,博士学位论文,新疆农业大学,2008年。
吕晓:《塔里木河流域农用地生态经济系统耦合发展研究》,博士学位论文,新疆农业大学,2009年。
梁磊磊:《黄土高原丘陵区农业生态经济系统耦合发展模式研究——以吴起县为例》,博士学位论文,西北农林科技大学,2010年。
邵权熙:《当代中国林业生态经济社会耦合系统及耦合模式研究》,博士学位论文,北京林业大学,2008年。
高雅:《三江源区草原生态系统生态服务价值的能值评价》,博士学位论文,兰州大学,2014年。
刘戈:《区域土地生态经济系统协调发展理论与实践研究》,

博士学位论文，天津大学，2008 年。

高乐华：《我国海洋生态经济系统协调发展测度与优化机制研究》，博士学位论文，中国海洋大学，2012 年。

艾小艳：《南昌市土地利用变化的生态经济系统协调分析》，博士学位论文，江西师范大学，2014 年。

赵珊：《低碳经济与环境系统耦合机制研究——以天津市滨海新区为例》，博士学位论文，天津师范大学，2014 年。

周青：《鄱阳湖生态经济建设与生态耦合机制研究——以生态旅游开发为视角》，博士学位论文，南昌大学，2014 年。

马丽：《基于生态足迹模型的青海省可持续发展能力定量研究》，博士学位论文，西北民族大学，2009 年。

王锡贞：《区域生态风险评价与管理》，博士学位论文，南京农业大学，2011 年。

马洪波：《三江源的新希望：走向绿色经济与治理》，载《青海日报》2012 年 5 月 28 日。

张孝德：《关于三江源生态经济发展的若干思考》，载《青海日报》2012 年 5 月 28 日。

Wackernagel M, Rees W, *Our Ecological FootPrint*: *Reducing Humanlm Pact on the Earth*, Philadel Phia: New Soeicty Publishers, 1996.

Wackernagel M, Rees WE, Perceptual and structural barriers to investing in natural capital: Economics from an ecological footprint perspective, *Ecological Economics*, Vol. 20, No. 1, 1997.

Ferguson ARB, The logical foundations of ecological foot prints, *Environrnent Development And Sustainability*, Vol. 1, No. 2, 1999.

Haberl H, Wackernagel M, Krausmann F, et al. Ecological footprints and human appropriation of net primary production: a comparison, *Land Use policy*, Vol. 21, No. 3, 2004.

Lenzen M, Murray S A, A modified ecological footprint method and its application to Australia, *Ecological Economies*, Vol. 37, No. 2, 2001.

Wackernagel M, Onisto L, Bello P, et al. National natural capital accounting with the ceologieal footprint concept, *Ecological Economies*, Vol. 29, No. 3, 1999.